中国非洲研究院文库·中国脱贫攻坚调研报告

主 编 蔡 昉

智库 中社

国家智库报告

2020 National Think Tank

中国脱贫攻坚调研报告

——黔东南州岑巩篇

RESEARCH REPORTS ON THE ELIMINATION OF
POVERTY IN CHINA

—CENGONG COUNTY, GUIZHOU PROVINCE

赵蜀蓉　谢继华　仝菲　杨恩华　段培俊　徐吉瑞

[贝宁] 吉尤姆·穆穆尼（Guillaume Moumouni）　著

中国社会科学出版社

图书在版编目(CIP)数据

中国脱贫攻坚调研报告. 黔东南州岑巩篇／赵蜀蓉等著. —北京：中国社会
科学出版社，2020.5

(国家智库报告)

ISBN 978 - 7 - 5203 - 6768 - 4

Ⅰ.①中… Ⅱ.①赵… Ⅲ.①扶贫—调查报告—岑巩县 Ⅳ.①F126

中国版本图书馆 CIP 数据核字 (2020) 第 115096 号

出 版 人　赵剑英
项目统筹　王　茵
责任编辑　李海莹　李　沫
责任校对　李　莉
责任印制　李寡寡

出　　　版　中国社会科学出版社
社　　　址　北京鼓楼西大街甲 158 号
邮　　　编　100720
网　　　址　http://www.csspw.cn
发 行 部　010 - 84083685
门 市 部　010 - 84029450
经　　　销　新华书店及其他书店

印刷装订　北京君升印刷有限公司
版　　　次　2020 年 5 月第 1 版
印　　　次　2020 年 5 月第 1 次印刷

开　　　本　787 × 1092　1/16
印　　　张　9.5
插　　　页　2
字　　　数　105 千字
定　　　价　59.00 元

充分发挥智库作用
助力中非友好合作

——"中国非洲研究院文库"总序

　　当今世界正面临百年未有之大变局。世界多极化、经济全球化、社会信息化、文化多样化深入发展，和平、发展、合作、共赢成为人类社会共同的诉求，构建人类命运共同体成为各国人民共同的愿望。与此同时，大国博弈激烈，地区冲突不断，恐怖主义难除，发展失衡严重，气候变化凸显，单边主义和贸易保护主义抬头，人类面临许多共同挑战。中国是世界上最大的发展中国家，是人类和平与发展事业的建设者、贡献者和维护者。2017 年 10 月中共十九大胜利召开，引领中国发展踏上新的伟大征程。在习近平新时代中国特色社会主义思想指引下，中国人民正在为实现"两个一百年"奋斗目标和中华民族伟大复兴的"中国梦"而奋发努力，同时继续努力为人类作出新的更大的贡献。非洲是发展中国家最集中的大陆，是维护世界和平、促进全球发展的重要力量之一。近年来，非洲在自主可持续发展、联合自强道路上取得了可喜进展，从西方眼中"没有希望的大陆"变成了"充满希望的大陆"，成为"奔跑的雄狮"。非洲各国正在积极探索适合自身国情的发展道路，非洲人民正在为实现《2063 年议程》与和平繁荣的"非洲梦"而努力奋斗。

中国与非洲传统友谊源远流长，中非历来是命运共同体。中国高度重视发展中非关系，2013 年 3 月习近平担任国家主席后首次出访就选择了非洲；2018 年 7 月习近平连任国家主席后首次出访仍然选择了非洲；6 年间，习近平主席先后 4 次踏上非洲大陆，访问坦桑尼亚、南非、塞内加尔等 8 国，向世界表明中国对中非传统友谊倍加珍惜，对非洲和中非关系高度重视。2018 年中非合作论坛北京峰会成功召开。习近平主席在此次峰会上，揭示了中非团结合作的本质特征，指明了中非关系发展的前进方向，规划了中非共同发展的具体路径，极大完善并创新了中国对非政策的理论框架和思想体系，这成为习近平新时代中国特色社会主义外交思想的重要理论创新成果，为未来中非关系的发展提供了强大政治遵循和行动指南。这次峰会是中非关系发展史上又一次具有里程碑意义的盛会。

随着中非合作蓬勃发展，国际社会对中非关系的关注度不断提高，出于对中国在非洲影响力不断上升的担忧，西方国家不时泛起一些肆意抹黑、诋毁中非关系的奇谈怪论，诸如"新殖民主义论""资源争夺论""债务陷阱论"等，给中非关系发展带来一定程度的干扰。在此背景下，学术界加强对非洲和中非关系的研究，及时推出相关研究成果，提升国际话语权，展示中非务实合作的丰硕成果，客观积极地反映中非关系良好发展，向世界发出中国声音，显得日益紧迫和重要。

中国社会科学院以习近平新时代中国特色社会主义思想为指导，努力建设马克思主义理论阵地，发挥为党的国家决策服务的思想库作用，努力为构建中国特色哲学社会科学学科体系、学术体系、话语体系作出新的更大贡献，不断增强我国哲学社会科学的国际影响力。中国社会科学院西亚非洲研究所是当年根据毛泽东主席批示成立的区域性研究机构，长期致力于非洲问题和中非关系研究，基础研究和应用研究并重，出版和发表了大量学术专著和论文，在国内外的影响力不断扩大。以西亚非洲研究所为主体于2019年4月成立的中国非洲研究院，是习近平总书记在中非合作论坛北京峰会上宣布的加强中非人文交流行动的重要举措。

按照习近平总书记致中国非洲研究院成立贺信精神，中国非洲研究院的宗旨是：汇聚中非学术智库资源，深化中非文明互鉴，加强治国理政和发展经验交流，为中非和中非同其他各方的合作集思广益、建言献策，增进中非人民相互了解和友谊，为中非共同推进"一带一路"合作，共同建设面向未来的中非全面战略合作伙伴关系，共同构筑更加紧密的中非命运共同体提供智力支持和人才支撑。中国非洲研究院有四大功能：一是发挥交流平台作用，密切中非学术交往。办好"非洲讲坛""中国讲坛""大使讲坛"，创办"中非文明对话大会"，运行好"中非治国理政交流机制""中非可持续发展交流机制""中非共建'一带一路'交流机制"。二是发挥研究基地作用，聚焦共建"一带一路"。开展中非合作研究，对中非共同关注的重大问题和热点问题进行跟踪研究，定期发布研究课题及其成果。三是发挥人才高地作用，培养高端专业人才。开展学历学位教育，实施中非学者互访项目，培养青年专家、扶持青年学者和培养高端专业人才。四是发挥传播窗口作用，讲好中非友好故事。办好中国非洲研究院微信公众号，办好中英文中国非洲研究院网站，创办多语种《中国非洲学刊》。

为贯彻落实习近平总书记的贺信精神，更好地汇聚中非学术智库资源，团结非洲学者，引领中国非洲研究工作者提高学术水平和创新能力，推动相关非洲学科融合发展，推出精品力作，同时重视加强学术道德建设，中国非洲研究院面向全国非洲研究学界，坚持立足中国，放眼世界，特设"中国非洲研究院文库"。"中国非洲研究院文库"坚持精品导向，由相关部门领导与专家学者组成的编辑委员会遴选非洲研究及中非关系研究的相关成果，并统一组织出版，下设六大系列丛书："学术著作"系列重在推动学科发展和建议，反映非洲发展问题、发展道路及中非合作等某一学科领域的系统性专题研究或国别研究成果；"经典译丛"系列主要把非洲学者以及其他方学者有关非洲问题研究的经典学术著作翻译成中文出版，特别注重全面反映非洲本土学者的学术水平、学术观点和对自身发展问题的认识；"法律译丛"系列即翻译出版非洲国家的投资法、矿业法、建筑法、环保法、劳动法、税法、海关法、土地法、金融法、仲裁法等等重要法律法规，以及非洲大陆、区域和次区域组织法律文件；"智库报告"系列以中非关系为研究主线，中非各领域合作、国别双边关系及中国与其他国际角色在非洲的互动关系为支撑，客观、准确、翔实地反映中非合作的现状，为新时代中非关系顺利发展提供对策建议；"研究论丛"系列基于国际格局新变化、中国特色社会主义进入新时代，集结中国专家学者研究非洲政治、经济、安全、社会发展等方面的重大问题和非洲国际关系的创新性学术论文，具有学科覆盖面、基础性、系统性和标志性研究成果的特点；"年鉴"系列是连续出版的资料性文献，设有"重要文献""热点聚焦""专题特稿""研究综述""新书选介""学刊简介""学术机构""学术动态""数据统计""年度大事"等栏目，系统汇集每年度非洲研究的新观点、新动态、新成果。

期待中国的非洲研究和非洲的中国研究在中国非洲研究院成立的新的历史起点上，凝聚国内研究力量，联合非洲各国专家学者，开拓进取，勇于创新，不断推进我国的非洲研究和非洲的中国研究以及中非关系研究，从而更好地服务于中非共建"一带一路"，助力新时代中非友好合作全面深入发展。

中国社会科学院副院长

中国非洲研究院院长

蔡　昉

摘要： 2013 年，电子科技大学启动定点扶贫贵州省岑巩县工作。本报告根据电子科技大学七年来定点扶贫工作，梳理其基于"精准扶贫"理念的"电子信息＋智慧城乡建设"模式的减贫扶贫工作经验。报告共分为五章：第一章介绍贵州省岑巩县经济社会发展的变迁，描述其基本情况、特色产业以及脱贫面临的困境。第二章阐述贵州省岑巩县智慧脱贫战略规划，包括战略背景分析、制定战略目标、构建工作机制、明确实施路径、确定实施模式，从统筹规划、顶层设计层面对岑巩县智慧脱贫进行宏观把控。第三章梳理贵州省岑巩县在实施"电子信息＋智慧城乡建设"模式脱贫进程中采取的多项举措。第四章围绕"智慧党建""校地合作""电子信息＋""智慧举措"四个方面对贵州省岑巩县智慧脱贫举措的成效进行阐述。第五章在对贵州省岑巩县智慧脱贫减贫经验总结的基础上结合非洲贫困状况以及电子信息技术在非洲的发展状况，提出对非洲减贫的借鉴意义。本报告认为"电子信息＋智慧城乡建设"扶贫模式是基于"精准扶贫"理念的，以"扶志与扶智"为主要抓手，构建起"突出一个核心——'智慧党建'引领、构建一个机制——校地合作、搭建一个桥梁——'电子信息＋'、聚焦六大板块"智慧脱贫新模式；同时团结多方社会力量，以全面推进"智慧城乡"建设，作为贵州省岑巩县利用电子信息技术，实现脱贫奔小康的新尝试。本报告以期为我国脱贫攻坚战决胜和我国全面建成小康社会做好总结宣传，同时也对解决世界贫困地区，特别是非洲大陆的一些贫困问题提供一定的国际借鉴。

关键词： 减贫；"电子信息＋智慧城乡建设"；电子科技大学；中国贵州省岑巩县；非洲；国际借鉴

Abstract: For the purpose of poverty alleviation, University of Electronic Science and Technology of China (UESTC) has initiated the targeted support in Cengong County located in Guizhou province since 2013. This report therefore serves to be a summary for the said seven-year long targeted support. As the result of employing poverty alleviation practices for "Targeted Poverty alleviation," this report illustrates the experiences learned by Cengong County administration from applying "E-information + smart urban and rural construction" model. The contents of this report are divided into five chapters. Chapter one, by giving a basic description on the state of the county, featured industries and potential challenges for poverty reduction, introduces its socioeconomic progress of Cengong. Chapter two, on the other hand, analyzes poverty alleviation strategy employed by Cengong county through the investigations on background analysis, construction of objectives, working mechanism, and method by top design. The main theme of chapter three is to assess the measures implemented by Cengong County when applying the "E-information + smart urban and rural construction" model for the execution of Targeted Poverty alleviation. Chapter four examines Cengong County's achievement for reducing the poverty from four aspects including "Smart Party Directing" "Institution-locality Cooperative Working Mechanism" "E-information + Industries", and "Smart Methods". Chapter five offers a prospect that should inspire poverty alleviation for African states. This is to say that the experience learned by Cengong County administration, together with the analysis on the development of electronic information industry, could inform African states to take necessary steps for poverty alleviation. This report argues that intellectual education and aspiration building are the basis upon which "E-information + smart urban and rural construction" model is constructed. Such model is a three-part structure. In this model structure, "Smart Party Directing" functions as the core while the "Institution-locality Cooperative Working Mechanism" serves as working mechanism. And the "E-information +" model in six aspects is the "bridge" that gives new model for its final structure for "Smart Poverty Reduction". The "E-information + smart urban and rural construction" model will also socialize all resources concerning to comprehensively advance the smart urban and rural construction that represents the new attempt made by Cengong County administration for becoming moderately prosperous. This report aims to campaign for China's glorious victory in the war against poverty that is crucial for the comprehensive construction of moderately prosperous society. The experiences summarized in this report also have international significance that deprived regions like Africa can be inspired to some extent from learning the Chinese example of poverty alleviation.

Key Words: Poverty alleviation, "E-information + smart urban and rural construction", UESTC, Cengong County of Guizhou Province, Africa, International experiences for references

目　　录

一　贵州省岑巩县经济社会发展的变迁 …………………（1）

(一) 贵州省岑巩县基本情况 …………………………（1）

(二) 贵州省岑巩县特色产业 …………………………（11）

(三) 岑巩县脱贫面临的困境 …………………………（15）

二　贵州省岑巩县智慧脱贫战略规划 …………………（22）

(一) 战略背景分析 …………………………………（23）

(二) 制定战略目标 …………………………………（35）

(三) 构建工作机制 …………………………………（39）

(四) 明确实施路径 …………………………………（47）

(五) 确定实施模式 …………………………………（49）

三　贵州省岑巩县智慧脱贫多措并举奋力奔
小康 ……………………………………………（53）

(一) 聚焦"智慧党建"引领人心 …………………（53）

(二) 着力"校地合作"帮扶推动 …………………（62）

(三) 搭建"电子信息 +"扶贫桥梁 ………………（73）

(四) 实施"智慧举措"建设岑巩 …………………（84）

四　贵州省岑巩县"电子信息 + 智慧城乡建设"
脱贫成效 ………………………………………（92）

(一) "智慧党建" 成效 ……………………………（93）

（二）"校地合作"成效 …………………………………（95）

（三）"电子信息＋"成效 ………………………………（100）

（四）"智慧举措"成效 …………………………………（104）

五 贵州省岑巩县"电子信息＋智慧城乡建设"脱贫
经验总结及国际借鉴意义 ……………………………（107）

（一）贵州省岑巩县智慧脱贫减贫工作经验总结……（107）

（二）中国贵州省岑巩县智慧脱贫减贫工作对非洲的
借鉴意义 ………………………………………（114）

参考文献 ………………………………………………（128）

后　记 …………………………………………………（136）

一 贵州省岑巩县经济社会发展的变迁

（一）贵州省岑巩县基本情况

1. 自然条件

（1）地形地貌

岑巩县地处云贵高原向湘西过渡的斜坡地带，属武陵山、苗岭山余脉交错的低山丘陵，地势自西北向东南逐渐降低倾斜，平面正视似折扇形。岑巩县地貌可划分为山地、丘陵、盆地三种类型。境内山峦重叠，主要山脉有诸葛山、哨上坡、将军坡、白腊山、老山、铜鼓坡。境内最高峰小顶山位于北部，海拔1359.9 米，最低点马公塘位于龙鳌河出口，海拔 330 米。大部分地区海拔在 400—700 米之间。境内以溶蚀地貌为主，侵蚀地貌次之，部分地区两种地貌并存。石灰岩溶总面积 612.1 平方千米，占总面积的 41.4%。属砂页岩侵蚀地貌的总面积 571.2 平方千米，占 38.6%。石灰岩溶侵蚀与砂页岩侵蚀地貌并存的总面积 295.7 平方千米，占 20%。

（2）气候条件

岑巩县属亚热带温暖温润气候区，其特点是气候温和，具有春暖、夏热、秋凉、冬冷的特征，四季分明，雨量充沛，雨热同季，无霜期长。历年平均气温 15.7℃—17.1℃，1 月平均气温 5℃，极端最低气温零下 10.8℃，7 月平均气温 26.5℃，极端最高气温 39.5℃。最低月均气温零下 3.1℃，最高月均气温 34.8℃。平均气温年较差 30.7℃，最大日较差 25.1℃。生长期年平均 196 天，无霜期年平均 355 天，最长达 361 天，最短为 346 天。年平均日照时数 994 小时。年平均降雨量在 1142.7 毫米，年平均降雨日数为 166 天，最多达 203 天，最少为 148 天。极端年最大雨量 1403.5 毫米，极端年最少雨量 1005.6 毫米，降雨量集中在每年 5—6 月，6 月最多。

（3）水资源状况

岑巩县境内河道属龙江河流域、车坝河流域、舞阳河流域，其中龙江河流域面积 1709 平方千米，占 61.71%。车坝河流域面积 1060 平方千米，占 38.28%。舞阳河流域面积 0.38 平方千米，占 0.01%。

岑巩县境内有大小河流 33 条，地表水资源总量为 7.72 万立方米，人均占有水资源量 3799 立方米。主要河流有龙江河、龙鳌河、舞阳河三条，水能资源蕴藏量 8.17 万千瓦，可供开发的有 2.29 万千瓦，已开发 1.33 万千瓦，占可开发量的 58%。河流总长度 107.5 千米，河网密度 0.31 千米/平方千米，径流总量 8.19 亿立方米，年排涝量 26.86 亿立方米，年最大排涝量 36.27 亿立方米。境内最大的河流为龙江河，从镇远县都坪镇进入龙田镇，流经境内注溪乡、思旸镇、大有镇至异溪村注入舞阳河，长 64 千米，流域面积 1060 平方千米，年均流量 18.2 立方米/秒。主要支流有地连河、龙马河、朱四寨河、新安河、异溪河等。

（4）土壤条件

岑巩县有 5 个土纲、6 个土类、17 个亚类、32 个土属、67 个土种。地带性土壤有黄壤和红黄壤两种，非地带性土壤有石灰土、紫色土、潮土和水稻土 4 种，占总面积的 91%。其中红壤土占 3.58%，黄壤土占 49.78%，石灰土占 40.8%，紫色土占 0.37%，水稻土占 5.4%，潮土占 0.02%。

（5）自然资源状况

岑巩县矿产资源丰富。境内寒武地层占总面积的 84%，富藏优质石灰石，平均氧化钙含量为 55.54%，仅水尾镇境内的矿带面积就达 10.2 平方千米，储量 1.2 亿吨。地下还蕴藏有铀、铅、锌、汞、钒、硝、石灰石、大理石、金星石、重金石矿藏十余种。①

2. 电子科技大学对口岑巩县扶贫时当地的社会经济情况

岑巩县国土面积 1486.5 平方公里，辖 9 个镇 2 个乡和 1 个经济开发区，129 个行政村，1689 个村民组，58901 户，总人口 23.7 万人，其中城镇人口 2.9 万人，乡村人口 20.8 万人，居住着汉、侗、苗、土家、仡佬等民族。

岑巩县于 2012 年被列入国家扶贫开发工作重点县名单，电子科技大学自 2013 年起对岑巩县进行对口帮扶。② 2013 年全县生产总值 267786 万元，其中第一产业增加值 55949 万元；第二产业增加值 90926 万元；第三产业增加值 120911 万元。三次产业对经济增长的贡献率分别为 10%、40.5% 和 49.5%。三次产业结构为 20.9%、34.0%、45.1%。全县人均生产总值 16612元，按年末汇率折算，人均 GDP 约合 2725 美元。③

三次产业占地区生产总值比重的大小，是宏观描述一个地区产业结构分布的最重要经济指标之一。通常情况下，经济发展水平越高，第一产业在合理范围内的构成比重越小。如图 1-1 所示，岑巩县 2013 年三次产业占全县生产总值的比重分别为

---

① 《岑巩县"十三五"脱贫攻坚规划》。

② 《贵州省岑巩县来我校对接定点扶贫工作》，2013 年 7 月 10 日，电子科技大学新闻中心网，https：//news. uestc. edu. cn/？n = UestcNews. Front. Document. ArticlePage&Id =318。

③ 《岑巩县 2013 年国民经济和社会发展统计公报》，2014 年 4 月 23 日，岑巩县人民政府网，http：//www. qdncg. gov. cn/zwgk/xxgkml/jcgk/tjxx/201704/t20170427_ 20688273. html。

45.15%、33.95%和20.89%，其中第一产业比重将近50%，第三产业比重最小。而同年，贵州省三次产业占全省生产总值比重分别为 12.31%、40.63% 和 47.06%[①]；全国的数据分别为 9.30%、44.00%和46.70%[②]。由岑巩县数据及其与贵州省、全国数据的对比可见，岑巩县经济产业主要以自然物为生产对象，产品类别有限，产品附加值不高。

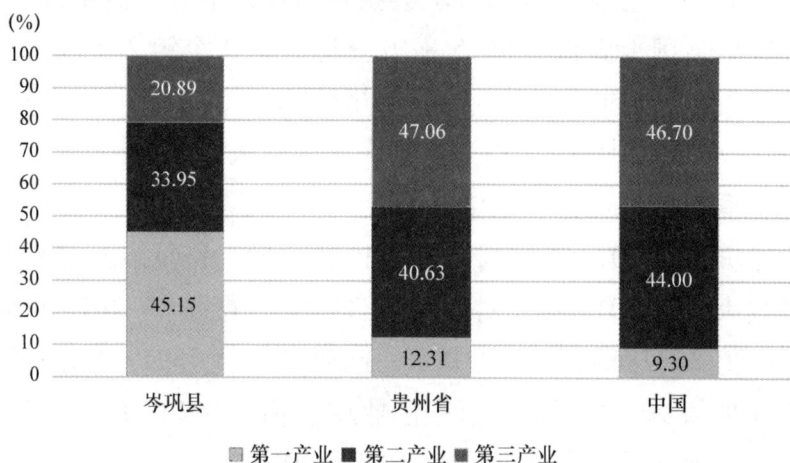

图1-1 2013年各地区三次产业占地区生产总值比重

资料来源：根据岑巩县人民政府官方网站、贵州省统计局官方网站和国家统计局官方网站数据自制。

(1) 交通条件

岑巩县隶属黔东南苗族侗族自治州，地处贵州东部，黔东南州东北部，位于湘黔两省三地（黔东南、铜仁、怀化）交界处，东接铜仁市玉屏侗族自治县，南连黔东南州镇远县，西邻铜仁市石阡县，北抵铜仁市江口县、铜仁市，是华东、华南进入大西南的主要通道，为贵州东大门，素有"黔东门

---

① 贵州省统计局网，http://stjj.guizhou.gov.cn/。
② 国家统计局网，http://www.stats.gov.cn/。

户"之称，毗邻新晃、玉屏、三穗、镇远、剑河 5 县，区位优越。西距省会贵阳 291 公里、距州府凯里 130 公里，东距怀化 150 公里，北离铜仁凤凰机场 114 公里，是贵州东联战略的前沿阵地。[①]

改革开放以来，岑巩县的基础设施日益完善，全县形成了以公路、铁路、高速公路、高速铁路、航空为一体的立体交通网络。在区域内，有国家大动脉湘黔铁路复线、沪瑞高速公路、320 国道、S203 省道穿境而过，以及沪昆高速铁路邻区而过。经其连接，岑巩县成为华东、华南进入大西南的主要交通要道，是华中、华南西进贵州的必经之地。截至 2013 年年底，全县公路通车里程达 1450 公里。完成公路运输周转量 27503 万吨公里，其中公路货物周转量 22785 万吨公里，客运周转量 47181 万人公里。全县民用汽车拥有量 2906 辆。[②]

（2）邮电通信条件

2013 年岑巩县邮电业务收入完成 10123 万元，其中邮政业务收入 1175 万元，电信业务收入 8948 万元。全县固定电话年末用户 14613 户，同比下降 15.3%，其中乡村电话用户 12197 户。移动电话用户 119479 户，同比下降 3.7%。互联网宽带（ADSL）用户 13031 户。

与之相比，贵州省电话用户 3234.74 万户，同比增长 11.5%；电话用户普及率达到 93.25 部/百人。其中，移动电话用户 2871 万户，固定电话用户 362.99 万户。全省固定互联网宽带接入用户 292.36 万户，同比增长 19.9%。2013 年，贵州全省互联网用户总数达到 2113.16 万户，比 2012 年净增 117.5 万户，同比增长 5.9%，其中移动互联网用户累计达到 1815.37 万

①《智慧岑巩总体规划（2016—2021 年）》。

②《岑巩县 2013 年国民经济和社会发展统计公报》，2014 年 4 月 23 日，岑巩县人民政府网，http://www.qdncg.gov.cn/zwgk/xxgkml/jcgk/tjxx/201704/t20170427_20688273.html。

户；全省网民规模达到 1146 万人，净增 155 万人，年增长率 15.6%，增速位居全国第三；互联网普及率进一步提升，比 2012 年提高 4.3 个百分点，达到 32.9%。① 而全国年末固定电话用户 26699 万户。新增移动电话用户 11696 万户，年末达到 122911 万户，其中 3G 移动电话用户 40161 万户。电话普及率达到 110.5 部/百人。互联网上网人数 6.18 亿人，其中手机上网人数 5.0 亿人。互联网普及率达到 45.8%② （图 1-2）。

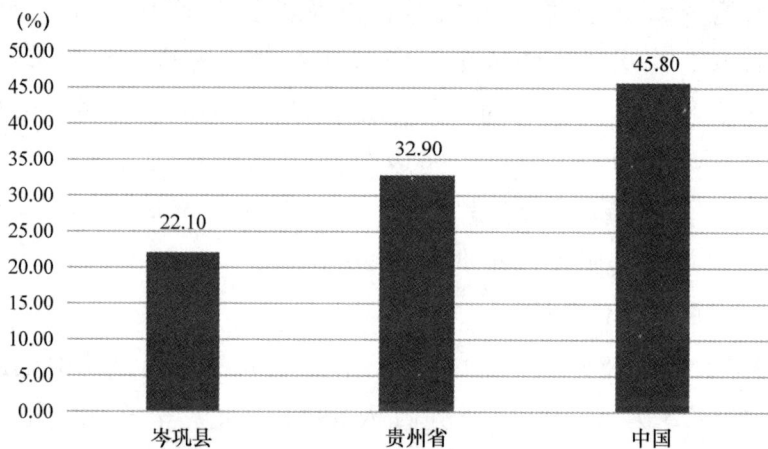

图 1-2　2013 年各地区互联网普及率

资料来源：根据贵州省岑巩县人民政府官方网站、贵州省社会科学院官方网站和国家统计局官方网站数据自制。

（3）教育、科技、文化、卫生和体育

电子科技大学 2013 年开始对岑巩县实施定点扶贫时，岑巩全县有高级中学 2 所，在校生 4365 人，比上年增长 11.61%，毕业生 840 人；中等职业学校 1 所，在校生 1145 人，毕业生

---

① 《贵州省互联网发展报告》，2014 年 5 月 26 日，贵州省社会科学院网，http：//sky. guizhou. gov. cn/。

② 《中华人民共和国 2013 年国民经济和社会发展统计公报》，2014 年 2 月 24 日，国家统计局网，http：//www. stats. gov. cn/tjsj/zxfb/201402/t20140224_ 514970. html。

289 人；初级中学 12 所，在校学生 11302 人，毕业生 3586 人；小学 73 所（含 15 所教学点），在校学生 17795 人，比上年下降 7.52%，毕业生 3837 人；小学学龄儿童入学率 99.52%；全县幼儿园 20 所（其中民办幼儿园 8 所），在园幼儿 6218 人。中学（包括高中）教职工 896 人，其中专任教师 825 人；中职教职工 97 人，其中专任教师 93 人；小学（包括幼儿园）教职工 1251 人，其中专任教师 1136 人。

2013 年，全县共有 1094 人（理工类考生 592 人，文史类考生 502 人）参加了高考，其中理科第一批本科上线 33 人，第二批本科上线 230 人；文科第一批本科上线 11 人，第二批本科上线 112 人。全县二本以上上线人数合计为 342 人（含体育、艺术类上线人数）。县文科状元 594 分，位列全省 641 名；理科状元 585 分，位列全省 1313 名。2013 年岑巩县生源中有 3 人考入清华大学就读。

2013 年，全县继续加强科普宣传和科技培训工作，全年多次深入开展种养殖业培训、科普活动以及科技文化卫生"三下乡"活动。全县共获得科技项目 27 个，其中省级项目 19 个，部级项目 7 个，州级项目 1 个。全部项目资金 1045.5 万元。

全县有文化馆 1 个、图书馆 1 个、文物管理所（更名为文物管理局）1 个、乡镇综合文化站 11 个。图书馆藏书 5.4 万册。有线电视用户 11572 户，农村地面卫星接收器 37625 个。

全县有县、乡两级医疗卫生机构 18 个，其中县级综合医院 1 个，乡镇卫生院 11 个，妇幼保健院 1 个，疾病预防控制中心 1 个，卫生监督局 1 个，新型农村合作医疗管理局 1 个，食品药品稽查大队 1 个，爱国卫生运动委员会办公室 1 个。年末病床数 747 张，其中县医院 530 张，卫生院 77 张，妇幼保健院 30 张，民营医院 110 张。机构人员总数 698 人，其中卫生技术人员 611 人，其中高级职称 7 人，中级职称 46 人。社会诊所（医院）12 个，卫生技术人员 68 人。村卫生室 129 个，卫生员 188 人。

2013 年岑巩县举行了一系列文艺、体育活动。春节期间举行了春节联欢晚会以及迎新春系列文化活动，包括送文化下乡、广场文艺演出和春节广场群众大家乐等。国庆、重阳节期间举行了全县老年文艺联欢会，配合省文化馆在岑巩县举办了黔东六县群众文化活动培训班，举办了岑巩县首届"远征杯"歌舞大赛，以及篮球运动会等活动庆祝中华人民共和国成立 64 周年和首个老年节。在黔东南州第八届运动会暨第二届少数民族传统体育运动会上，岑巩县代表团经过顽强拼搏，奋勇争先，取得 3 金 9 银 6 铜及 52 个第 4—8 名的好成绩，是历年来岑巩县在全州运动会获得奖牌及单项获奖名次最多的一次。认真开展了向居民推荐"读好书、好读书"的图书馆宣传服务周活动，岑巩县图书馆被文化部评定为国家二级图书馆。建成乡镇村级农民健身工程 6 个。

（4）人口及人民生活

2013 年，全县人口出生率为 12.06‰，死亡率为 6.35‰，人口自然增长率为 5.71‰。年末公安口径人口 22.87 万人。统计口径常住人口 16.14 万人，年平均常住人口 16.12 万人。

据农村住户调查数据显示：全县城镇居民人均可支配收入 19001 元；农民人均纯收入 5365 元；农民人均生活消费支出 4698 元；农村居民家庭恩格尔系数 39.89%。农村居民耐用消费品拥有量见表 1-1。

表 1-1　　2013 年年末岑巩县每百户农村居民家庭拥有耐用品

指标名称	单位	数量	比上年增长百分比（%）
彩色电视机	台	107.1	13.8
洗衣机	台	97	43.7
摩托车	辆	82.8	65.6
自行车	辆	14.3	126.9
热水器	个	47	97.5

续表

指标名称	单位	数量	比上年增长百分比（%）
家用计算机	台	10	58.7
固定电话	台	25.7	-14.3
移动电话	台	277	26.6

资料来源：根据贵州省岑巩县人民政府官方网站数据自制。

2013 年年末，农村居民人均居住面积为 28.16 平方米，钢筋混凝土结构 9.84 平方米，砖木结构面积 18.32 平方米；城镇居民人均住房面积 38.85 平方米。

（5）劳动就业与社会保障

2013 年年末，全县从业人员 13.76 万人，比上年增长 3.23%，其中第一产业 7.15 万人；第二产业 1.12 万人；第三产业 5.49 万人，其中其他（含外出务工人员）4.25 万人。城镇从业人员 1.01 万人；乡村从业人员 12.75 万人（含外出务工人员）。年末全县城镇实现新增就业 1852 人，下岗失业人员再就业 405 人，困难人员再就业 426 人。年末城镇登记失业率为 3.62%。

2013 年年末，城镇职工参加基本养老保险人数 4701 人，收缴基本养老金 2745 万元，发放养老金 2855 万元；参加失业保险人数 1910 人，收缴失业保险金 201 万元；参加基本医疗保险人数为 8302 人，收缴基本医疗保险金 2049 万元。参加农村新型合作医疗人数 200333 人，参合率达 99.1%；年末纳入城镇低保人数 1883 人，全年发放低保金 533 万元；纳入农村低保人数 36287 人，全年发放低保金 4974 万元。①

---

① 《岑巩县 2013 年国民经济和社会发展统计公报》，2014 年 4 月 23 日，岑巩县人民政府网，http：//www.qdncg.gov.cn/zwgk/xxgkml/jcgk/tjxx/201704/t20170427_ 20688273.html。

3. 贫困特点

（1）贫困人口多，面积大

岑巩县属黔东南扶贫攻坚重点县，2013年农民人均纯收入5365元，比全国平均水平8896元低3531元，比贵州省平均水平5650元低285元。到2015年年底，按照城镇5808元和农村3060元的贫困标准，统计全县贫困建档立卡共48900人，贫困发生率20.63%，现有贫困村68个，占全县总行政村数的52.71%，且80%以上分布在边远山区，资源贫乏，文化落后，发展缓慢，部分贫困群众还存在就医难、上学难、饮水不安全、社会保障水平低等困难，扶持难度大，扶贫开发任务艰巨。①

（2）基础设施薄弱，生态环境脆弱

县镇公路等级低，质量差，晴通雨阻，公路条件、水利设施薄弱且老化，电力和通信设施落后。电力不足，用电农户保证率低，有大部分只能满足季节性用电。境内山大沟深，坡陡土薄，耕地质量差，水土流失严重。气候、自然灾害并存，洪水、干旱、泥石流等灾害易发。发展与生态保护矛盾尖锐，产业结构调整受生态环境制约大。

（3）经济发展水平低，特色产业滞后

岑巩县经济以第一产业为主，缺乏具有明显区域特色的大企业、大基地，产业链条不完整，高效经济林园相对不足，整体效益发挥不够，农产品加工严重滞后，龙头企业少，加工能力低，产品竞争力不强。产业培育难度大，没有形成具有核心市场竞争力的产业或产业集群，农民收入不稳定。

（4）社会事业发展滞后，基本公共服务不足②

岑巩县公共服务支出比例偏低，教育、文化、卫生、体育

---

① 《岑巩县"十三五"脱贫攻坚规划》。

② 《关于印发岑巩县扶贫攻坚总体战三年行动计划（2014—2016年）的通知》。

等方面建设相对滞后。以教育事业发展为例，根据岑巩县人民政府《关于印发岑巩县扶贫攻坚总体战三年行动计划（2014—2016年）的通知》，2013年岑巩县尚未实现乡镇及以上中小学"校校有塑胶运动场"，教学桌椅、图书、实验仪器等基本教学条件仍待改善，农村中小学教师队伍不够稳定，教育事业硬软件水平均有待提高。从医疗卫生事业发展来看，医疗设施陈旧且不足，医务人员业务水平普遍较低，且面临后继缺人问题。

（5）区域发展不平衡，科技生产力落后

2013年城镇居民人均可支配收入为19001元，而农民人均纯收入仅5365元①，城乡居民收入比为3.5∶1，城乡差距明显，乡镇之间、行政村之间的发展差距非常大。特别是羊桥土家族乡岩溶化严重，开发难度非常大，中高级专业技术人才极度匮乏，从事科技活动人员少，科技对经济增长的贡献率低。贫困人口总体素质偏低，缺技术技能，经济意识不强，先进实用技术推广难，影响生产力水平的提高。

（二）贵州省岑巩县特色产业

1. 种植业

岑巩县充分考虑当地资源优势发展特色种植业，主抓"六大产业"，即"杂稻制种、优质烤烟、精品水果、两茶、蔬菜花卉、畜牧水产"，按照"一乡一品、一村一特"的理念，并充分尊重群众的意愿，将生态建设和产业发展相结合，突出地域特色，力求产业的选择及安排布局重点是贫困人口相对集中的贫困村，能够覆盖尽可能多的贫困人口，鼓励农户以合作社形式

---

① 《岑巩县2013年国民经济和社会发展统计公报》，2014年4月23日，岑巩县人民政府网，http://www.qdncg.gov.cn/zwgk/xxgkml/jcgk/tjxx/201704/t20170427_20688273.html。

发展规模生产，以现代特色高效农业为龙头加快推进地方特色农特产品发展。

杂稻制种——岑巩县发展杂稻制种产业助农增收已有 40 年历史，独特的地理、气候条件以及优越的自然生态环境，非常适合制种，2013 年被农业部列为贵州省唯一的国家级杂交水稻种子生产基地县。全县适宜杂稻制种面积约有 6 万亩，试制品种 33 个，分布在除客楼镇以外的 10 个乡镇，成功创建省级现代农业示范园区——岑巩县周坪杂稻制种高效生态农业示范园区。杂稻制种已成为岑巩县农业重要支柱产业之一和农民增收的重要途径。"十三五"期间将在思旸、注溪、龙田、大有、天星、凯本、平庄、天马、羊桥、水尾乡镇 77 个村建设杂稻制种综合项目，包括建设新品种引进种植鉴定示范基地、6 万亩沃土工程、水稻工厂化育苗中心、精准化机械作业粮油基地建设等。

优质烤烟——烤烟是岑巩县的传统产业，也是县委、县政府主抓的富民产业之一，"十二五"期间，该县以提质增效为目标，以发展现代烟草农业为契机，强化基础设施建设，抢抓时令、突出工作重点，真抓实干，加大科技培训和检查督促指导力度，在种植上实现了大跨越，成为全州发展最快的烤烟生产基地县。2015 年全县烤烟种植面积达到 4.6 万亩。"十三五"共规划 17300 亩，分布在平庄、羊桥、客楼、天马、天星、注溪。

精品水果——以思州柚、思州水蜜桃为主，由于岑巩县特殊的地理环境，独特的管理方式，产出的柚子有别于其他柚类，顾名"思州柚"。岑巩县的思州柚产业已具有产业化经营的雏形，建成以周坪思州柚农业科技试验示范基地为代表的基地 2.6 万亩，分布在注溪、思旸、大有等乡镇。另外思州水蜜桃基地有 1.2 万亩，主要在客楼和思旸。本次规划 19700 亩，分布在大有、龙田、平庄、水尾、思旸、羊桥、注溪。

油茶——岑巩县的气候、土壤、地理条件适合种油茶，岑巩县一直以来都把油茶当作主导产业来抓。油茶产值高，扶贫效果好，共规划 36050 亩，分布在除思旸外的 10 个乡镇。

茶叶——岑巩县"思州茶"历史悠久，品质极佳，享有岑巩县特产的美誉，由于独特的气候条件和地理位置，使得茶叶"清香浓郁、汤清可口"。近年来，不断创新茶叶发展思路，通过采取"公司＋合作社＋农户"的发展模式，整合当地茶叶产业资源，重点打造了天马镇苗落、白岩坪，天星乡茅坪、大路台和龙田镇老鹰岩等茶叶产业带，全县无公害茶园认证面积 1.3 万亩，有机茶园认证面积 250 亩。思州茶产业已成为六大产业之一。本次规划 6150 亩，分布在水尾、天马、天星，但主要集中于水尾。

蔬菜花卉——目前，岑巩县思旸、大有、水尾的蔬菜基地已粗具规模，蔬菜产业得到蓬勃发展，主要种植食用菌、生菜、辣椒等，全县专门从事蔬菜种植企业和专业合作社 16 家。2014 年，县委、县政府立足当地旅游资源，在水尾马家寨引进花卉企业 1 家，使村里贫困户有了新的生活来源。"十三五"规划引进花卉企业 3 家。目前，花卉、商品蔬菜种植面积在 50 亩以上的种植大户有 36 个。可见，蔬菜花卉是农民增收致富的途径之一。本次共规划 4335 亩，分布在大有统口、水尾腊岩、于河村、天星东冲、羊桥高冲、注溪中寨村和面溪。

药材——岑巩县药材资源丰富，尤以钩藤、黄精、茯苓等最为常见。本次规划 16800 亩，分布于大有、凯本、水尾和注溪。

经济作物——以种植莲藕为主，规划 620 亩。分布于水尾白水和羊桥杨柳。

经济林——规划经济林 19990 亩，分布于水尾、羊桥、凯本。

2. 养殖业

畜牧水产——近几年，岑巩县生态畜牧业快速发展，现有规模养殖场 483 个，养殖专业合作社 60 个，培育省级龙头企业 3 家，州级龙头企业 17 家。畜牧水产成为脱贫致富的稳定产业，被岑巩县誉为"六大产业"之一。

发展肉牛饲养项目农户 2000 户，新增基础母牛 2 万头，新建标准化肉牛养殖基地 4 个；能繁母牛繁殖场 6 个；改造或新建牛舍 16 万平方米；新修产业路 18 千米；种植优质牧草 3 万亩，配套建设防疫、生产洁具等，分布于 11 个乡镇 87 个村。发展家庭牧场 500 个，扶持贫困户 500 户，建标准化羊舍 5 万平方米，新增基础母羊 2.5 万只，种草 0.3 万亩，配套建设防疫、生产洁具等基础设施，新修路、水利设施、电路等，分布于除客楼和凯本外的 9 个乡镇的 60 个村。养殖生猪 35000 头，采取"公司＋养殖场＋合作社＋养殖小区＋贫困户"的发展模式，新建标准化养猪场 5 个、养猪专业合作社 32 个、家庭牧场 50 个，配套圈舍 5 万平方米及其他基础设施；建设防疫、生产洁具等，分布于大有、水尾、羊桥、注溪和客楼的 34 个村。

林下特色养殖——发展以养鸡为主的林下养殖，新建规模养鸡场 20 个、家庭牧场 400 个；新建鸡舍 50000 平方米，围栏 1200 公顷；建设种鸡场 5 个，年提供鸡苗 100 万只；新修产业路、育雏室、孵化室、自动化标准养殖示范场建设；配套设施设备。特色养殖丝毛乌鸡、野猪、肉兔、孔雀；新建蜜蜂养殖基地 4 个，蜜蜂养殖 5000 箱。分布于 11 个乡镇 59 个村。

水产——新（改）建 11 个稻田生态养鱼示范基地、鱼沟的开挖等田间工程 334 公顷；山塘水库基础设施改造建设 200 公顷；甲鱼养殖基地 335 公顷；冷水鱼养殖基地 50 公顷；种质资源保护区 1200 公顷；鱼种繁殖场 3.33 公顷；休闲渔业基地建设 10 公顷；以及田鱼专卖店、品尝店建设及配套设施等发展稻田养鱼。客楼、凯本、注溪和羊桥发展荷塘养鱼 11 个乡镇均有分布。

3. 林业

紧紧围绕"绿色贵州"建设三年行动计划的实施，以坡耕地、立地条件较好的宜林荒山人工造林为重点，结合新一轮退耕还林工程、天然林资源保护工程、石漠化综合治理项目等林业生态重点工程项目建设的实施，因地制宜、合理布局、适度规模经营、相对集中连片推进，立足特色优势，围绕主导产业，实施科学化、标准化种植、集约化经营，提高林地产出率。加大结构调整，采取"公司＋基地＋农户""公司＋合作社＋农户＋基地"和股份合作等多种经营模式，创新企业与农民利益联结机制，鼓励和支持龙头企业、林业专业合作社、家庭林场种植油茶及其他经济林等，通过林地流转自建标准化、规模化基地，为实现资源可持续发展和林农脱贫致富夯实基础。共规划油茶 36050 亩，经济林 19990 亩，退耕还林 1.8 万亩；生态工程建设杉木造林 3640 亩，种草 200 亩，建设公益林 27.7 万亩并进行生态补偿，解决 1170 名护林员等生态保护公益岗位。①

（三）岑巩县脱贫面临的困境

1. 经济基础薄弱

"十二五"期间，岑巩县扎实开展扶贫工作，贫困发生率由 2011 年的 43.59% 下降到 2015 年的 20.63%，但全县仍有贫困户 1.2 万户，人口 4.89 万人。14 个贫困村产业底子薄，扶贫资金投入还不能满足需要，进村入户项目缺口较大，部分扶贫项目补助资金标准低，在短期内难以改善生产、生活状况。由于岑巩县经济发展水平低，特色产业发展滞后，农业适度规模经营程度较低，农业现代化、信息化程度发展缓慢，农业资金投入严重不足，涉农资金到位率低，项目资金整合效果不明显等原因，岑巩县农业缺乏具有明显区域特色的大企业、大基地，产业链条不完整，整体效益发挥不够，农产品加工严重滞后，龙头企业少，产品竞争

---

① 《岑巩县"十三五"脱贫攻坚规划》。

力不强，没有形成具有核心市场竞争力的产业或产业集群，农民收入不稳定，制约着岑巩县农业的发展。

同时，贫困村基础设施水平较低，人地矛盾突出，扶贫成本高、脱贫难度大。较内地先进发达地区，岑巩县的交通邮电、农田水利、商业服务、文化事业等生产服务设施和生活服务设施建设相对滞后，农村通组公路覆盖率低于40%，低于贫困地区发展脱贫主要指标。产业规模总量依然较小，本地企业中缺乏产业链长、带动性强的龙头企业，产业集聚和集群效应不突出，信息化发展水平低，大数据、智慧化应用几乎尚未开展。在时间紧、任务重、标准高的情况下，要全面完成脱贫攻坚任务，需要投入的人力、物力和财力难以估量。

2. 人口受教育程度低

岑巩县贫困人口受教育程度、综合素质、技术能力普遍较低，自我脱贫难度大。贫困人口总体上有个共同特点就是教育程度低，缺乏技能，接受教育要花费大量成本，加上如今就业状况低于期望值，造成部分人对接受教育没有积极的态度，建档立卡贫困户就业培训率低于30%，恶性循环造成穷人更穷的状况。2015年年底，全县老年、残疾或者未满16周岁的村民，因无劳动能力、无生活来源又无法定赡养、抚养、扶养义务人，或者其法定赡养、抚养、扶养义务人无赡养、抚养、扶养能力的五保户有479户，占全县贫困人口总户数的1.73%。[1] 同时，教育科技方面整体规划缺乏，技术应用落后。大多数学校信息化建设不完善，教育信息化工作在推进的过程中，缺乏整体规划，各学校的建设水平参差不齐；资源建设共建共享机制尚未建成，信息资源建设缺乏统一组织，共享程度低，信息资源的统筹管理水平也亟待提高；师资力量薄弱，信息技术应用落后。

---

① 《岑巩县"十三五"脱贫攻坚规划》。

目前全县虽已实现学校接入互联网95%的覆盖，但非教育专网专线支持，带宽不够，管理水平低下，不足以支撑教育信息化的整体需求；教育信息化系统建设（包括管理平台及资源平台）较为简陋，难以有效服务教育教学。总体而言，由于受教育少、思想素质低，贫困人口小农意识浓厚，安于现状、缺乏创新精神、难以适应非农就业。

3. 医疗卫生水平和医疗信息化程度低

岑巩县医疗卫生水平未能满足需求，存在部分因病致贫、返贫问题。"十二五"期间建档立卡贫困人口因病致贫率仍高于脱贫主要指标的12.77%。① 岑巩县的医疗卫生信息化管理系统比较落后，已经建设的信息化系统无法满足政府部门和各级医疗机构的工作和业务需求，从统一管理及智慧医疗建设角度考虑，除乡镇卫生院HIS系统及电子病历系统可以通过接口方式接入外，其他医疗机构均需统一更换或全新设计信息化管理软件。各级医疗机构的网络硬件基础设施薄弱，也制约着岑巩县医疗卫生服务能力的改善，需要进一步升级改造。区域内未完成云计算基础建设，不能支持智慧医疗的实施。

具体而言，医疗信息化发展存在的主要问题表现为：卫计局，无区域人口健康信息平台管理软件，各医疗机构医疗卫生数据主要靠人工统计，但因各医疗机构信息化建设不足存在数据无法统计和统计数据不准确的情况。医院，电子病历水平较低，初步评估为一级水平，无电子病历质量监控软件和合理用药、抗菌素管理软件等医院二级评审必需软件，医院正创三级医院，按贵州省卫计委要求，医院信息化软件水平是否达到要求具有一票否决权，当前不仅电子病历无法满足医院需求，还需增加大量的信息化管理软件，以便支撑三级医院信息化建设

① 《岑巩县"十三五"脱贫攻坚规划》。

要求和人口健康信息平台的核心数据来源。中医院，无信息化软件，需要一步到位建设二级医院必需的信息化系统。妇幼保健院，仅有基本的收费、药房药库管理软件，无电子病历、LIS、PACS、质量管理等主要软件，不能实现院内数据共享。社区服务中心，仅有基本的收费、药房药库管理软件，无电子病历、LIS、PACS、质量管理等主要软件，不能实现院内数据共享。乡镇卫生院，在医疗方面有基本的电子病历系统、PACS、LIS 也正在逐步接入系统，但数据需要接口，以便共享共用。在公共卫生数据方面，有基本的健康档案管理软件，但经常登录不上，无人维护，公共卫生数据无法共享共用。村卫生室，无医疗信息化软件，需要增加村卫生信息管理软件，最终接入人口健康信息平台。民营医院，仅有基本的收费、药房药库管理软件，无电子病历、LIS、PACS、质量管理等主要软件，不能实现院内数据共享。当前，岑巩县医院卫生信息化发展面临的问题可归纳为三点：各医疗卫生机构信息化水平未达到行业主管部门要求；各医疗卫生机构信息化不能满足自身发展需要；各医疗卫生机构的医疗卫生数据相互孤立，不能共享共用。

4. 电子政务和电子商务落后

电子政务交换机制不健全，信息孤岛大量存在。岑巩县大部分政府部门已建设完成自身的应用系统，但由于数据格式不同，缺乏数据接口，难以实现互联互通，限制了电子政务效益的发挥。同时部门之间缺乏协调，条块分割问题仍未解决，跨部门信息共享和业务协同缺乏体制机制的支持，部门之间的信息孤岛还大量存在。尽管政府各部门在电子政务建设和应用过程中，积累了大量的数据和信息，但由于缺乏信息共享方面的政策法规，在部门利益驱使下，政务数据难以实现共享。行业领域数据不能真正发挥出其在产业结构调整、精准扶贫、社会民生服务改善和政府管理方面的巨大价值。此外，岑巩县已完成 11 个乡镇、45 家政府单位电子政务外网的覆盖工作。但是电子政务外网链路带宽仅为 2M，难以满足今后高清视频、图片、业务数据的传输需求。同时，全县尚有 23 家政府单位还未实现电子政务外网的覆盖。

电子商务氛围不浓，服务能力薄弱。2016 年，全县电子商务交易额为 2.4 亿元。一方面，电商的主要形式以微商共 80 家（正式运营 40 余家）、淘宝店铺等个人 C 店共 101 家（正式运营 20 余家）、电商企业 11 家为主；另一方面，电子商务的影响和产业引领作用较小，目前全县电商从业人员初步统计 620 人，全年通过网络渠道销售帮助农民增收节支仅 1050 万元，电商尚未成为带动农民脱贫致富的手段。① 岑巩县地处黔东南少数民族地区，现阶段虽然大多数村镇已实现通车，但路况不尽如人意，货物运输效率低；信息网络设施与数据平台落后，不能满足电商店铺的运营要求；电子商务物流成本偏高等因素都造成岑巩县电子商务区位劣势明显，成为发展电子商务的重要瓶颈。同时，岑巩县本地企业多选择第三方平台进行产品促销和企业宣传，缺乏本地电子商务服务企业，与电子商务配套的技术开发、物流配送、金融服务、专业培训等保障能力薄弱，代运营、系统开发、信息服务等第三方服务尚未形成，全县缺乏农村电子商务领军人才，电子商务尚处于起步阶段，整体电子商务氛围不浓厚。以上种种原因制约了全县电子商务的快速发展。

本章小结

2013 年起，电子科技大学开始定点扶贫贵州省岑巩县，学校深入了解贵州省岑巩县自然、经济、社会等状况，其中重点了解贵州省岑巩县贫困状况。经资料调查和实地调研，电子科技大学认识到贵州省岑巩县在自然条件、社会经济条件、硬件

---

① 《智慧岑巩总体规划（2016—2021 年）》。

条件、软件条件等多方面均存在欠缺，主要表现为：（1）自然条件：资源匮乏，耕地少、质量差，山地占的比重大、水土流失严重，且生态环境恶劣，石漠化面积较宽、程度深，并且每年有扩展的趋势。（2）经济条件：产业结构单一，第一产业比重大，生产对象以自然物为主，产品类别有限，产品附加值低。（3）社会条件：基础设施落后，贫困乡村及人口主要分布在远离集镇，交通、水利、通信等基础设施落后的地区；人口受教育程度低，缺乏技能，且观念落后，小农意识浓厚，安于现状、缺乏创新精神、难以适应非农就业；医疗卫生技术及信息管理滞后，不能满足需求，导致因病返贫情况。

基于对贵州省岑巩县实际状况的认识，电子科技大学和贵州省岑巩县委县政府通力合作，携手共建脱贫攻坚命运共同体。在实施精准扶贫、精准脱贫一揽子计划过程中，双方将突出一个核心，抓党建不断增强扶贫组织力；搭建一个桥梁，用"电子信息+"聚合起"金山银山"；电子科技大学发挥教育和信息资源优势，以扶志与扶智为主要抓手；同时聚焦六大板块，全面推进智慧城乡建设，致力于将贵州省岑巩县打造成"欠发达地区智慧城乡建设示范县"。①

其中，以"电子信息+"助力贵州省岑巩县各领域脱贫和发展是重要举措，电子科技大学致力于以电子信息技术突出其优势，补齐其短板。具体来看，结合贵州省岑巩县的种植业、养殖业、林业等优势特色产业，电子科技大学构思利用科学技术升级种养殖业，发展"智慧农业"；建设"智慧养猪"项目及其智慧化管理系统和硬件设备；在推介、销售等各个环节，构思建立建设县级农村电子商务等相关平台和服务。而在教育、

---

① 《学校到岑巩县开展定点帮扶工作》，2016 年 8 月 25 日，电子科技大学新闻中心网，https：//news. uestc. edu. cn/？ n = UestcNews. Front. Document. ArticlePage&Id =55177。

医疗等短板领域，电子科技大学利用自身学术优势，为当地老师和学生提供线上线下多渠道的教育资源；同时利用电子信息技术推动"智慧医疗"，降低因病返贫的概率。① 然而，电子信息技术的应用有赖于相应基础设施的配套。贵州省岑巩县相对落后的基础设施情况，尤其是电子通信相关设施的不完善，是亟须应对的问题。对此，电子科技大学尝试以校地合作等方式，提供基础设施建设所需的资金、人力、技术等资源，推动贵州省岑巩县的脱贫和发展。

---

① 《学校专家赴岑巩县开展"智慧岑巩"规划专题培训》，2017 年 4 月 14 日，电子科技大学新闻中心网，https：//news. uestc. edu. cn/？n = UestcNews. Front. Document. ArticlePage&Id = 58301。

二 贵州省岑巩县智慧脱贫战略规划

2012 年 11 月 8 日，国务院扶贫办、中组部等八部门联合印发《关于做好新一轮中央、国家机关和有关单位定点扶贫工作的通知》（以下简称《通知》），确定定点扶贫结对关系名单。清华大学、北京大学、电子科技大学等 44 所教育部直属高校直接参与定点扶贫工作。《通知》明确电子科技大学与贵州省岑巩县结为定点扶贫单位。

根据国家要求和教育部等部委部署，电子科技大学启动了定点帮扶贵州省岑巩县工作。随着国家大扶贫战略的稳步实施，以及"新型智慧城市""新农村"建设的快速推进和贵州"大扶贫、大数据、大生态"三大战略的实施，电子科技大学结合自身学科特色和优势，创新性地提出了"智慧城乡"理念，针对帮扶贵州省岑巩县脱贫，提出了基于"精准扶贫"理念的"电子信息 + 智慧城乡建设"框架下扶贫模式，以"扶志与扶智"为主要抓手，构建起"突出一个核心——'智慧党建'引领、构建一个机制——'校地合作'、搭建一个桥梁——'电子信息 +''聚焦六大板块'的"智慧脱贫新模式；同时团结多方社会力量，推进"智慧岑巩"建设。

在确立了建设"智慧岑巩"的战略总目标后，电子科技大学高度重视、倾情投入，着手统筹规划，动员调研，制定了学校定点帮扶的工作机制，成立了以党委书记和校长为组长，有关职能部门和学院负责人组成的定点扶贫工作领导小组，确定了一位常务副校长负责扶贫工作；设立扶贫工作办公室，协调落实帮扶工作，将各部门、院系统筹起来，集聚扶贫资源，积极发掘院友、产业、社会、科研等方面资源。

电子科技大学明确了以搭建"电子信息＋"桥梁，聚力建设"金山银山"的实施路径，确立了以"智慧党建"引领行业发展、以"扶志与扶智"为抓手的校地合作机制、以电子信息技术为基础聚焦六大板块，全面推进"电子信息＋智慧城乡建设"的智慧脱贫模式。在确保"智慧岑巩"发展路径与岑巩县城乡发展对接的基础上，依照"年年有亮点，事事有创新"的规划和建设理念，规划 2016—2021 年岑巩县逐步智慧化的发展战略，力争 2020 年完成既定任务与目标。

（一）战略背景分析

"全面推进智慧城乡建设，打造'智慧岑巩'"是电子科技大学定点帮扶贵州省岑巩县的战略目标。该战略目标是在国家大扶贫战略行动、国家新型城镇化建设、信息化、大数据等背景下，电子科技大学根据贵州的"大扶贫、大数据、大生态"三大战略行动，分析岑巩县的发展情况与短板，依靠自身学科特色和优势所制定的，兼具必要性与可行性。

1. 国家与地方层面

（1）"智慧岑巩"的建设紧紧契合了国家大力实施大扶贫战略行动，以坚决打赢脱贫攻坚战为指导思想，有利于助力实施大扶贫战略行动

定点扶贫是中国特色扶贫开发事业的重要组成部分，是党中央、国务院为加快扶贫攻坚进程、构建社会主义和谐社会做出的一项重大战略决策。① 《中国农村扶贫开发纲要（2011—2020 年)》颁布和中央扶贫开发工作会议后，中央、国家机关和有关单位积极响应，迅速行动，主动参与新一轮定点扶贫工作，经充分沟通，并报国务院扶贫开发领导小组组长批准，确定了新一轮定点扶贫结对关系，第一次实现了定点扶贫工作对国家扶贫开发工作重点县的全覆盖。《通知》对高校扶贫单位提出具体要求。各高校单位要高度重视，加强领导，成立定点扶贫工作机构，建立健全工作制度，做到分工明确、责任到人，强化组织和制度保障。各高校单位要结合自身特点和优势，从当地实际出发，因地制宜制定帮扶规划和实施方案，推进定点扶贫地区经济、社会、文化、生态建设，提高扶贫对象自我发展能力，实现脱贫致富。要把定点扶贫与培养锻炼干部、进行国情民情教育有机结合，定期开展扶贫相关活动，选派德才兼备的优秀中青年干部赴定点扶贫地区挂职扶贫。定点扶贫单位领导同志每年应至少到定点扶贫地区开展一次扶贫调研，看望慰问贫困群众和本单位挂职干部，督促指导本单位定点扶贫工作。

2015 年年底，《中共中央、国务院关于打赢脱贫攻坚战的决定》发布（以下简称《决定》）。《决定》指出："健全精准扶贫工作机制。抓好精准识别、建档立卡这个关键环节，为打赢脱贫攻坚战打好基础，为推进城乡发展一体化、逐步实现基本公共服务均等化创造条件。对建档立卡贫困村、贫困户和贫困人口定期进行全面核查，建立精准扶贫台账，实行有进有出的动态管理。"

"智慧岑巩"的建设紧紧契合了国家大力实施大扶贫战略行动，坚决打赢脱贫攻坚战的指导思想，将利用大数据技术，针对不同致贫原因分类施策，实施产业扶贫、教育扶贫、健康扶

① 《中国农村扶贫开发纲要（2011—2020 年)》。

贫等措施，从多角度、多层面对扶贫对象、扶贫措施进行分析，用"数据"说话，用"数据"管理，用"数据"创新，通过数据比对分析，为各级领导提供科学的决策依据，把扶贫工作做到"精准"二字，真正扶到点上、扶到根上，从"输血式捐助"转变为"造血式帮扶"，形成规模效应，给全县经济下一步发展注入新的活力。

（2）"智慧岑巩"的建设顺应了"互联网＋"时代趋势，有助于信息化、大数据的发展

习近平总书记在 2014 年 2 月召开的中央网络安全和信息化领导小组第一次会议上指出，信息化和经济全球化相互促进，互联网已经融入社会生活的方方面面，深刻改变了人们的生产和生活方式。"十二五"期间，互联网展现了其巨大的变革力量，"互联网＋"不断培育出新的经济增长点，在 2015 年的两会期间，"互联网＋"首次出现在政府工作报告中。2015 年 7 月，国务院印发《关于积极推进"互联网＋"行动的指导意见》，明确提出"互联网＋"创业创新、"互联网＋"协同制造等 11 个重点行动，互联网在国民经济中的基础性、先导性、战略性地位得到国家层面的认同。[①]

当前中国正处于工业化、城镇化加速发展阶段，推动改革发展转型、提高经济增长的质量和效益、保障和改善民生等任务异常艰巨，需要强化创新驱动和推动信息技术的广泛深入应用，发挥大数据在决策、管理等方面的重要作用。

随着大数据思维与大数据应用技术不断传播与普及，政府掌握的政务信息不断呈几何级数增加，因此，政府也就成为名副其实的"大数据"拥有者和"集散地"。基于大数据做出更加科学的决策，更好地将这些政务信息向社会公众开放、开发，

---

① 《聚焦"十二五"："互联网＋"激发转型中国新动能》，2015 年 10 月 28 日，中共中央网络安全和信息化委员会办公室网，http：//www. cac. gov. cn/2015－10/28/c_ 1116958518. htm。

利用这些政务数据，进一步提高社会参与度和透明度，促使民众能够更加便捷地在线获取信息、有效地利用信息，从而提升政府管理效率，提升社会治理能力，增进民众福祉，将成为"智慧岑巩"建设的努力方向。

（3）"智慧岑巩"建设将有效改善岑巩县信息网络基础设施条件，是参与网络强国战略实施的体现，有助于"网络强国"的建设

2014年2月27日习近平总书记作为中央网络安全和信息化领导小组组长，主持领导小组第一次会议，首次提出建设"网络强国"的概念。同时指出：过硬的技术、丰富全面的信息服务、良好的信息基础设施、高素质的网络安全和信息化人才队伍、双边与多边的互联网国际交流合作是网络安全与信息化建设同步推进的重要要素。中国将向着网络基础设施基本普及、自主创新能力显著增强、信息经济全面发展、网络安全保障有力的目标不断前进。

"智慧岑巩"的建设将有效改善贵州省岑巩县信息网络基础设施条件，为岑巩县信息化发展提供保障，是积极参加国家网络强国建设工作的重大举措。

（4）"智慧岑巩"是按照城乡一体化的思路，以智慧城市建设的策略来规划建设的，抓住了国家新型城镇化建设的机遇，有助于新型城镇化的发展

《国家新型城镇化规划（2014—2020年）》明确指出强化信息网络、数据中心等信息基础设施建设。促进跨部门、跨行业、跨地区的政务信息共享和业务协同，强化信息资源社会化开发利用，推广智慧化信息应用和新型信息服务，促进城市规划管理信息化、基础设施智能化、公共服务便捷化、产业发展现代化、社会治理精细化。增强城市要害信息系统和关键信息资源的安全保障能力，推进智慧城市建设。

"智慧岑巩"的建设将统筹全县经济社会发展的信息资源和智力资源，推动物联网、云计算、大数据等新一代信息技术创新应用，实现以人的城镇化为核心，合理引导人口流动，有序推进农业转移人口市民化，稳步推进城镇基本公共服务常住人口全覆盖，不断提高人口素质，促进人的全面发展和社会公平公正。大力实施智慧化带动城镇化战略，进一步推进城乡统筹协调发展，使全体居民共享现代化建设成果。

（5）"智慧岑巩"的建设响应了国家开展循环经济示范城市建设的号召，有助于循环经济的探索

2015年，根据国家发展改革委《关于开展循环经济示范城市（县）建设的通知》（发改环资〔2015〕2154号），国家发展改革委环资司、财政部经建司、住房城乡建设部城建司委托中国国际工程咨询公司组织有关院士、专家，对各地申报的循环经济示范城市（县）创建实施方案进行了审查和评审，贵州省岑巩县被确定为开展国家循环经济示范城市（县）建设的地区之一。

"智慧岑巩"的建设，将依托现有的基础设施进行升级改造，大力提升全县信息基础设施水平，实现基础设施的统筹规划和集约发展。各类智慧应用针对居民生产、生活的多方面内容，借助大数据、云计算等手段，集中管理利用各类资源，实现绿色可持续发展，全面助力岑巩循环经济示范县的建设，助推全县经济发展迈上新台阶。

（6）"智慧岑巩"的建设将"扶贫与扶志"为抓手，充分发挥大数据作用，是脱贫模式的创新，有助于贵州省大扶贫、大数据、大生态三大战略行动的推进

受区域整体贫困与民族地区发展滞后并存、经济建设落后与生态环境脆弱并存、人口素质偏低与公共服务滞后并存"三重矛盾"的制约，贵州一直是全国扶贫开发任务最重、难度最大的省份。作为脱贫攻坚主战场，贵州近年来坚决贯彻中央部署，不断探索创新方式方法。2017年4月16日上午，中国共产党贵州省第十二次代表大会在贵阳召开。会议指出，今后五年，

贵州将全力实施大扶贫、大数据、大生态三大战略行动。

继贵州省委十一届六次全会提出"十三五"时期要突出抓好大扶贫、大数据两大战略行动之后，大生态成为贵州的第三大战略行动。① 实施大扶贫、大数据、大生态三大战略行动，是贵州省践行新发展理念的战略选择，是实现多彩贵州新未来的基本方略。

贵州省委认为，大扶贫、大数据两大战略行动是贵州"十三五"的亮点，大扶贫是一场输不起的攻坚战，大数据是创先进的突围战。未来五年主要看九个字：守底线，走新路，奔小康。②

"大扶贫"即以"精准扶贫领衔补短板"。贫困多年来已经成为贵州身上的一座大山。"十二五"期间贵州累计减少贫困人口 656 万人，从 2013 年的 1149 万贫困人口减少到 2015 年年底的 493 万人。贫困的发生率从 33.4% 下降到 14.3%。尽管近年经济在全国依旧保持较高速度的增长，但贫困人口多，贵州脱贫任务还很重，工作难度也很大。贫困人口的贫困程度越深，解决贫困的难度也越大。到 2020 年实现同步奔小康，时间紧、任务重，到村到户到人，一个都不能少。落实这样一个任务最关键的是"精准"二字。

脱贫攻坚、教育医疗事业、基础设施是贵州"三块短板"，大数据、大旅游、大生态是"三块长板"，未来五年既要补好短板，又要做好长板。"大数据"是贵州有可能、有条件做好的"长板"，大数据是一个产业，不仅有"大数据+"、大数据金融创新"高大上"的领域要探索，也有农村电商和呼叫服务等"接地气"的选择。通过大数据，有很多的产品和服务可以创造

① 《"大生态"成为贵州第三大战略行动》，2017 年 4 月 16 日，当代先锋网，http：//www.ddcpc.cn/2017/jr_ 0416/99305.html。

② 《贵州特色"十三五"：大扶贫＋大数据》，2016 年 3 月 9 日，一财网，https：//www.yicai.com/news/4759367.html。

出来。通过大数据的发展满足基本需求之外，发挥后发优势实现产业升级也是贵州的一大看点。"大生态"也是贵州的长板，需要全面加强生态建设环境保护、加快发展绿色经济培育壮大发展新动能、着力健全生态文明制度体系来发挥长板的优势。

贵州省深入实施大扶贫、大数据、大生态三大战略行动，牢牢守住发展和生态两条底线，立足脱贫攻坚，用大数据支撑大扶贫，发挥大数据先行优势，将高新科技领域的创新发展与实现贵州省贫困地区跨越发展紧密结合，实现"大数据＋精准扶贫"的高度统一融合，促进农业全面升级、农村全面进步、农民全面发展，聚焦促进生态脱贫开展改革试验，加快形成大生态与大扶贫深度融合的制度体系，为全国提供了"贵州样板"。

"智慧岑巩"将依托现有的基础设施进行升级改造，大力提升全县信息基础设施水平，实现基础设施的统筹规划和集约发展。重点工程智慧政务、智慧教育、智慧医疗的建设，将依托现代信息技术力量开展网上办事、远程医疗、网络教学等公共事务的网络化服务，大力改善社会民生服务能力和服务方式，促进基本公共服务均等化。同时，教育、医疗、电子政务等民生事业的信息化建设，也将提升有关领域的管理水平，能够方便快捷地获取相关信息为管理和决策提供支撑，进而强化其公共服务能力，有效提升民众享受公共服务的满意度，有利于岑巩和谐社会的建设和发展。

（7）"智慧岑巩"的建设有助于改善岑巩县民生，促进社会和谐进步，推进产业经济发展，加快产业经济转型升级

岑巩县地处贵州东部山区，位于湘黔两省三地（黔东南、铜仁、怀化）交界处，面积1486.5平方公里，辖9镇2乡，1个省级经济开发区。全县总人口22.73万人，是国家级贫困县之一。岑巩县经济发展落后，少数民族众多，近十年来，岑巩县坚持以扶贫开发总揽农村工作全局，以贫困人口增收为中心，以整村推进扶贫为主体，统筹兼顾，整合资源，综合开发，组织开展重点村建设、移民搬迁、信贷扶贫、科技扶贫、外资扶贫、社会扶贫等扶贫活动，奋力改善贫困落后面貌，取得了一定成效，但与发达地区相比，还存在比较大的差距。政务、教育、医疗等公共服务资源存在投入不足、分布不均衡、服务能力有限等问题，难以满足岑巩县群众对公共服务资源的需求，尤其是难以满足该县所辖山区乡镇群众的需求。

贵州省岑巩县发展滞后存在的一些问题主要包括以下几个方面。

第一，基础设施方面——"十二五"期间，岑巩县基础设施建设取得了一定的成绩，但与发达城市和地区相比，仍然存在不足。岑巩县存在基础建设薄弱，总量规模较小等问题，交通邮电、商业服务、教育、文化、卫生事业等生产服务设施和生活服务设施建设相对滞后，本地企业中缺乏长产业链、强带动性的龙头企业，产业集聚和集群效应不显著，信息化发展水平低，大数据、智慧化应用几乎尚未开展。

第二，电子政务方面——"十二五"期间，岑巩县紧跟国内政府信息化发展大潮流，在国家、贵州省、黔东南州政府信息化相关政策的引导下，大力开展政府信息化网络基础建设、信息平台建设、政务公开门户建设，岑巩县政府信息化建设进入了快速发展时期。岑巩县电子政务网络基础设施已粗具规模，政府门户网站建设小有成效，电子政务平台建设初显成绩。但电子政务建设仍然存在一定问题，政府信息化起点低，基础薄弱，近几年政府信息化水平虽然取得了长足进步，但是距离实现阳光政府、廉洁政府、服务型政府的目标还有一定差距。

第三，电子商务方面——电商氛围不浓，服务能力薄弱：岑巩县地处黔东南少数民族地区，居民对新鲜事物的接受能力较弱，缺乏相关农村电子商务领军人才。岑巩县信息基础设施还处于较低的水平，信息网络设施与数据平台落后，电子商务物流成本偏高等因素都不利于电子商务的发展。此外，岑巩县全县本地电子商务服务企业较少，保障能力薄弱，与电子商务配套的技术开发、物流配送等行业还未成熟，代运营、系统开发、信息服务等第三方服务尚未形成。全县电子商务尚处于起步阶段，整体电子商务氛围不浓厚。

第四，医疗卫生方面——随着信息技术在医疗领域应用的深入，在医疗卫生各个领域都将全面开启智能化的时代，基于云计算平台与大数据技术的医疗信息管理将深刻地改变医疗服务模式，但是岑巩县在医疗卫生大数据中心建设、综合统计、决策支持、专家系统建设方面还没有充分借助大数据技术，实现对医疗、卫生、健康信息化的计算、存储和大数据整合，大量医疗、卫生、健康信息没有互联互通，更没有实现对公众的智能化推送。迫切需要充分利用云计算、大数据技术进行智慧医疗建设，改变这种状况。

第五，教育科技方面——信息化建设缺乏整体规划，信息技术应用落后：全县部分学校在"十二五"期间的"三通两平台"建设中初步实现了"宽带网络校校通""优质资源班班通""网络学校空间人人通"的教育信息化目标。但总体而言，信息资源建设缺乏统一规划，全县信息化教育基础设施仍然落后，不足以支撑教育信息化的整体需求，信息资源共享程度低，信息资源的统筹管理水平还有待提高。此外，信息技术的应用依然停留在较浅层面，规范管理还有待研究，高级信息人才和复合型人才欠缺，难以为教育教学有效服务，教育电子政务的应用与教育管理现代化的要求相比还有较大的差距，信息化支持服务体系建设有待完善。

第六，农业方面——岑巩县贫困人口多且散，大多数分布在交通不便、资源匮乏、生态环境脆弱、生产条件恶劣、基础设施薄弱的边远山区农村，群众行路难、饮水难、灌溉难、看病难的问题十分突出，实现脱贫致富任务艰巨。

由于岑巩县经济发展水平低，地方财政实力较弱等因素，岑巩县存在农业资金投入不足，企业、农户投入的长效机制仍未形成的问题。重点农业产业及园区建设专项资金难以到位，农业项目实施、农业企业融资难，一定程度上影响了农业生产发展。此外，岑巩县的农业信息化建设与整体社会信息化建设水平存在一定差距，发展水平不高，农业信息基础薄弱，支撑保障乏力，农业现代化、信息化程度发展缓慢。

　　第七，旅游行业方面——启动产业发育，信息化尚未起步：旅游业处于发育阶段，没有形成区域整体营销网络，无法与区域客源形成共享；由于区域经济发展水平较低，城镇化发展较落后，通信、供电、供水、废弃物处理等基础设施发展严重落后。目前岑巩县旅游信息系统和数字化建设尚未起步，各旅游区只是通过传统的方式宣传，电子商务体系尚未建立。

　　"智慧岑巩"建设致力于对未来5年"智慧岑巩"建设进行顶层设计，希望以信息化尤其是智慧化手段带动县域经济社会发展，以"电子信息＋"模式带动传统产业的转型升级，促进城乡一体化进程，助力实现岑巩县脱贫奔小康和经济社会又好又快发展。

2. 学校层面

（1）"智慧岑巩"的建设目标与学校核心战略相契合，电子科技大学的发展规划为"智慧岑巩"建设做好了保障工作

　　电子科技大学正在大力推进本科精英人才培养计划、实施理科建设与学术水平提升计划、推动与行业发展及地方经济建设紧密结合的"一校一带"行动计划等"三大行动计划"，努力在"十三五"期间建成在电子信息领域具有世界一流水平、理工深度融合的研究型大学，尽早建设成为"中国特色、世界一流"的大学。

　　在电子科技大学2016年党政工作研讨会上，学校党政领导班子提出了2016年学校工作的总体要求是：深入贯彻落实党的

十八大和十八届三中、四中、五中全会精神和习近平总书记系列重要讲话精神，认真贯彻落实"四个全面"战略布局，坚持以中国特色、世界一流为目标，以立德树人为根本，大力实施"人才强校""学科拓展"和"国际化"三大核心战略，着力提高人才培养质量和科技创新能力，弘扬"求实求真、大气大为"的成电精神，进一步深化学校综合改革，振奋精神、攻坚克难，推动学校各项事业持续快速发展。

人才战略是电子科技大学的核心战略，是长期的主战略。在师资队伍建设中，"青字号"人才是学校的未来、是重中之重。在对"智慧岑巩"的战略规划中，人才帮扶成为重要部分，要将"扶志与扶智"作为主要抓手，把全民战略、全校战略的"人才强校"战略思想运用到贵州省岑巩县的建设中，既要千方百计加大内培的力度，更要敞开胸怀，广纳各种优秀人才，弥补岑巩县智慧脱贫各学科、各专业的人才短板。

（2）作为我国电子信息行业的探路者，电子科技大学在信息化建设方面拥有诸多优势，科研实力雄厚，为"智慧岑巩"建设做好了技术支撑与智力支持工作

学校大力实施学科提升战略，扎实推进理工深度融合，学科影响力持续提升。学校现有两个国家一级重点学科（所包括的6个二级学科均为国家重点学科）、两个国家重点（培育）学科。一级学科博士学位授权点16个，一级学科硕士学位授权点28个、二级学科硕士学位授权点1个，博士专业学位授权点4个、硕士专业学位授权点12个。设有博士后流动站15个。在第四轮全国一级学科评估中，学校4个学科获评A类，其中电子科学与技术、信息与通信工程两个学科为A＋，A＋学科数并列西部高校第一（数据截至2020年1月）。

学校现拥有国家级重点实验室4个，国家工程技术研究中心1个，国家工程研究中心1个，国家地方联合工程实验室（研究中心）两个，共建国家工程实验室两个，首批国家专业化众创空间 1 个，省部级科研机构 47 个，国家自然科学基金委创新群体 4 个、教育部创新团队 6 个和国防科技创新团队 1 个。"十一五"以来，学校科技成果获国家级奖励 26 项（其中牵头一等奖 1 项）、省部级奖励 328 项（数据截至 2020 年 1 月）。深厚的学科基础、扎实的研究积累、雄厚的科研实力，牢牢地把"扶志"和"扶智"相结合，为实现"智慧岑巩"的建设提供内生动力。

（3）学校坚持走校地合作、校企合作、互惠共赢的发展之路，校地互动频繁，合作推进有力。良好的合作意愿、坚实的合作基础、丰富的合作经历有助于引导学校在定点帮扶中为岑巩县注入"成电智慧"，以实现"智慧岑巩"建设目标

学校不断加强复合型优秀人才的培养，通过校地合作、校企合作等方式，加速与市场的对接，把技术转化为生产力，在 60 多年的发展历程中，学校人才辈出，为社会培养了十多万优秀的毕业生，广大校友已成为各行业的优秀人才。

学校充分发挥学科、科研、人才优势，积极投身"一带一路"建设及粤港澳大湾区、长江经济带建设，在珠三角、长三角、成渝经济圈等设立研究机构，积极服务四川省产业转型升级，助力四川构建现代化产业体系。与成都市共同实施"一校一带"行动计划，建设高校成果转化产业带，携手打造中国"西部硅谷"。

综上，"智慧岑巩"建设是在大扶贫战略行动的背景下提出的，顺应了信息化、大数据的发展趋势，是抓住国家新型城镇化建设机遇、响应国家开展循环经济示范城市建设号召的体现，该战略也与贵州推行的"大扶贫、大数据、大生态"三大战略相顺应，有利于推进岑巩县的信息化建设，助力岑巩县形成自我发展能力，推动岑巩县社会经济的持续发展，实现岑巩县的跨越式发展，具有建设的必要性。同时，"智慧岑巩"的建设与电子科技大学发展战略相吻合，作为我国电子信息行业的排头兵，电子科技大学拥有教育、科技、智力、信息等多方面的资源和优势，"智慧"硕果累累，为"智慧岑巩"建设做好了保障工作，具有建设的可行性。通过"智慧岑巩"建设，将逐步使全县信息通信技术基础设施不断完善，从而打造黔东片区生态宜居环境，不断提升城市管理与民生服务水平，加快产业结构调整与创新能力提升，实现全县经济快速增长。

（二）制定战略目标

随着国家大扶贫战略的稳步实施，以及"新型智慧城市""新农村"建设的快速推进和贵州"大扶贫、大数据、大生态"三大战略的实施，电子科技大学结合自身学科特色和优势，在全国范围内创新性地提出了"智慧城乡"理念，将推进"智慧岑巩"建设，在充分调研的基础上，确立以城乡一体化的思路，按照智慧城市建设的策略，结合电子信息的学科优势来规划智慧城乡——"智慧岑巩"的建设，帮助岑巩县制定了《智慧岑巩总体规划》及其建设标准，通过打造"电子信息＋智慧城乡建设"的智慧脱贫模式，以信息化尤其是智慧化手段带动县域经济社会发展，促进城乡一体化进程，实现产业、教育、医疗精准扶贫，助力实现岑巩县脱贫奔小康和经济社会又好又快发展。

《智慧岑巩总体规划》分析了岑巩县域经济社会发展的基础现状，提出设计期限内"智慧岑巩"建设的总体思路、愿景目标、主要任务、重点工程、实施路径和保障措施，重点针对岑巩县未来政府服务、社会民生、产业创新、精准扶贫、万众创新等方面的信息化建设，主要涵盖七大方面的内容，即"智慧政务""智慧电商""智慧医疗""智慧教育""智慧农业"和"智慧旅游""智慧城乡基础设施"等。基于信息基础设施顶层设计的理念，使规划更具前瞻性、科学性和可操作性，成为引领"智慧岑巩"建设发展的行动纲领。

"智慧岑巩"建设的总体目标是通过 5 年左右时间，以"智慧岑巩"建设为契机，以高性能信息处理、云计算/云存储、新一代通信网、物联网、大数据等先进信息技术应用为前提，按照创新驱动、科学发展的总体要求，以社会应用智能化为主线，助力扶贫攻坚，支持循环经济，面向长远发展，走出既具有典型示范意义又具有岑巩特色的"智慧岑巩"建设发展道路，将岑巩县建设成为欠发达地区智慧城乡建设示范县的样板，形成良好的县域城乡智慧化发展环境。

总体而言，到 2021 年，"智慧岑巩"以"117"工程为建设目标和任务，通过基础设施、平台服务的统一建设，各类智慧应用相互融合，推动岑巩县经济发展、产业转型和精准扶贫，助力实现人均 GDP、城镇和农村居民人均可支配收入分别达到35365 元、32021 元、10671 元的发展目标，推动岑巩社会经济的持续发展，着力实现岑巩县经济社会发展的跨越。

其中，第一个"1"表示在"智慧岑巩"中建设共同的门户网站，实现政府服务、公众服务、企业服务的统一访问以及第三方应用和移动应用的统一融合；第二个"1"代表统一规划的通信基础设施、计算/存储基础设施、感知网络基础设施和"智慧岑巩"信息安全基础设施；"7"表示"智慧岑巩"重点关注的七个领域，即"智慧岑巩"工程：基础设施、电商、医疗、教育、农业、旅游和政务。此外，在除基础设施外的六大重点业务领域还规划了 35 个智慧应用。

"智慧岑巩"的建设将全面提升岑巩县竞争力、助力扶贫攻坚、支持循环经济、面向长远发展，形成包括城市品牌、居民生活、经济效益、产业发展等层面全面提升的建设效果。

（1）城市品牌：为岑巩县增加"智慧"名片，争取智慧城市相关荣誉，如新型县级智慧城市标杆、智慧应用示范城市等。

（2）居民生活：创建便捷实用、低碳宜居的智慧民生环境，让民众享受智能高效的政务服务和各类公共服务。

（3）经济效益：减少重复建设，大幅提高行政效能的同时降低行政成本，并通过数据和应用运营获得收益。

（4）产业发展：带动县城相关产业发展，结合岑巩县实际资源，将资源优势转化为产业优势，优化产业环境，吸引外来投资。

具体建设目标如下：

（1）基础设施方面，大力夯实现代化信息基础设施，提升发展支撑力。以"智慧岑巩"建设为契机，加强信息基础设施建设，大力推进有线和无线宽带接入网建设。无线城市和三网融合基本完成，大力实施"互联网＋"、农村电子商务、电子政务、信息惠民等工程，加强基础信息资源数据库和公共服务综合信息、应急指挥信息等平台建设。强化邮政基础设施建设向乡镇、村延伸，力争实现邮政服务网点覆盖全部行政村。建立较为完善的信息通信网络。

（2）社会民生方面，大力保障民生改善，推动社会事业全面进步。以"智慧岑巩"建设为契机，依托现代信息技术，重点关注医疗、教育、政府服务等领域，大力改善社会民生服务能力、优化服务方式，促进基本公共服务均等化，并将普惠服务延伸至基层社区和农村，有效增强城市化引领作用；提升有关领域自身的管理水平，强化公共服务能力，有效提升民众享受公共服务的满意度，促进岑巩县和谐社会的建设和发展。医疗卫生：实现区域协同医疗，建成居民电子健康档案资源库和市民电子病历库，各类智慧医疗应用全面覆盖。文化教育：整合课件资源，集中存储管理，实现教育教学资源的有效共享和使用。推动教育管理和教育过程信息化和智慧化，提升教育管理水平和教学质量，推动实现教育均衡。政府服务：考虑本地特色服务，实现与各级网上大厅互联互通信息交换共享，打造规范、高效、便捷、透明的网上政务服务平台，切实解决"三难"问题。

（3）产业发展方面，促进产业发展，加快产业转型。围绕建设西部乃至全国有影响力的智慧城乡目标，重点关注旅游、农业、电子商务等特色产业，实现信息化与产业发展全方位融合，全面促进岑巩县产业转型升级；营造交流广泛、活动集聚、资源丰富、成果众多、创业活跃的创新环境，促进万众创新；推动物联网、云计算、新一代移动通信、大数据等新技术在各大中小企业应用规模进一步扩大。

（4）精准扶贫方面，大力实施大扶贫战略行动，坚决打赢脱贫攻坚战。坚持以脱贫攻坚统揽经济社会发展全局，依托"智慧岑巩"建设针对不同致贫原因分类施策，开展产业扶贫、教育扶贫、健康扶贫。强化智慧城乡功用，进一步推进精准扶贫应用和生态建设，努力改善贫困人民生活条件，形成规模效应，为岑巩县经济进一步发展注入新的活力，推动产业发展和社会进步。

"智慧岑巩"的建设战略是在立足岑巩县资源禀赋和信息化发展现状，全面贯彻党的十八大和十八届三中、四中、五中全会精神背景下提出的，它紧紧抓住国家支持贵州及岑巩县发展的历史机遇，主动服务和融入国家战略，关注创建新型智慧城市标杆市建设要点，按照创新、协调、绿色、开放、共享五大发展理念，以加快转变经济发展方式、发挥生态文明优势、提高为民服务能力为核心，以大数据、"互联网＋"作为智慧城乡创新引擎，以促进信息互联互通和资源共享为重点，加大基础设施建设力度，重塑县域公共信息管理机制，构筑城乡信息消费新模式，催生一批高效实用的智慧应用，形成一组活力创新的产业集群，推动信息技术与各领域各产业管理、服务全面融合，进一步促进经济发展和生态建设共赢，助力岑巩县扶贫攻坚战略的实施，使岑巩县的产业发展更繁荣、居民生活更幸福、城乡管理更科学。

（三）构建工作机制

智慧城市建设是一项复杂艰巨的"一把手"工程，其建设能给地方发展带来显著的经济社会效益，但也面临着建设内容广、涉及部门多、调度资源丰富、投资大等诸多挑战。"智慧岑巩"的建设涉及学校、地方政府、校友会等多方主体的共同助力。自结对帮扶以来，电子科技大学视岑巩县发展为己任，与岑巩县广大干群一道携手共进，决战脱贫攻坚，结下深情厚谊，帮扶成效显著。

学校高度重视，按照党中央、国务院和教育部的有关文件和会议精神的要求，统筹规划，顶层设计定点帮扶工作，成立了以党委书记和校长为组长，有关职能部门和学院负责人组成的定点扶贫工作领导小组，确定了一位常务副校长负责扶贫工作；设立扶贫工作办公室，协调落实帮扶工作；定期召开会议研究扶贫工作，编制《学校"十三五"帮扶规划》和分年度工作计划；与岑巩县签订《定点帮扶框架协议》，明确帮扶工作的原则、思路和主要内容；保障扶贫工作的人员和经费投入，出台《外派挂职人员管理暂行办法》《扶贫项目管理办法》和《扶贫经费管理办法》（见图 2－1）。

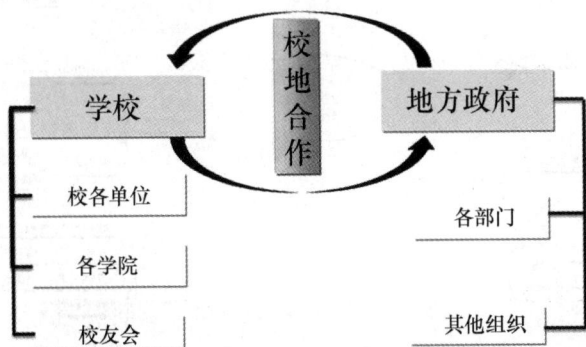

图 2－1　校地合作组织机构

　　电子科技大学全面推动扶贫工作"重心下移",相关学院安排院领导专人负责扶贫工作,发挥主观能动性,支持帮扶对象融资融智、兴业脱贫。一方面集聚扶贫资源,各院系积极发挥自身资源优势,积极发掘院友、产业、社会、科研等方面资源,针对性地展开帮扶;另一方面发挥院系优势,各学院发挥学科优势、专业优势、行业优势,在发展规划、政策咨询等多方面,派遣专家学者实地调研、制定方案,推动地方科学决策、科学发展。

　　电子科技大学将学校在电子信息领域的综合优势与岑巩县的实际情况相结合,充分利用拥有的教育、科技、智力、信息等多方面的资源和优势,坚持以需求为导向,具体项目为牵引,积极落实精准扶贫工作,为岑巩县实现全面小康和经济社会发展做出贡献。

　　为进一步加快"智慧岑巩"建设步伐,对整个建设过程提供强有力的领导和保障,电子科技大学协助岑巩县政府建立了强有力的智慧城乡工作领导小组,保障智慧城市建设顺利推进,在组织领导保障、机制创新、决策咨询、人才建设、宣传推广、安全等方面编织了一张保护网(见图2-2)。

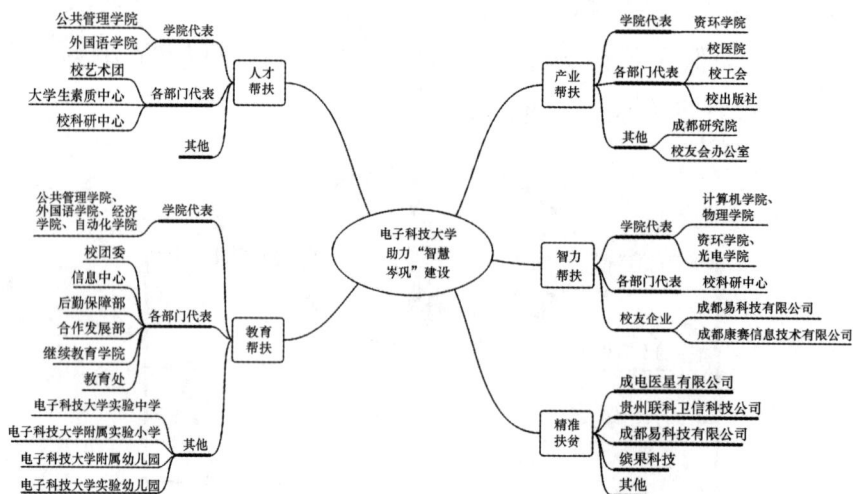

图2-2　电子科技大学助力"智慧岑巩"建设

1. 组织领导保障

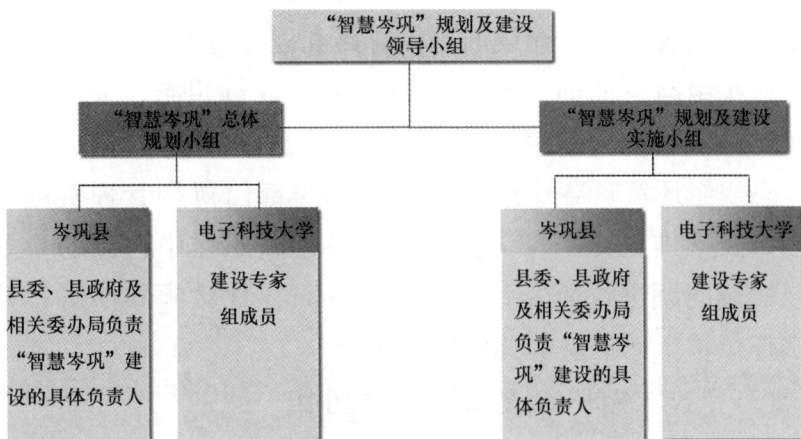

图2-3　贵州省岑巩县智慧城乡工作领导小组

（1）"智慧岑巩"规划及建设领导小组

以下简称为"规建领导小组"。

小组成员：

岑巩县成员：县委、县政府主要领导或分管领导，"智慧岑巩"建设相关委办局的一把手。

电子科技大学成员：电子科技大学主要领导或分管领导；校扶贫办公室及相关部门负责人。

职责：负责制定项目的重大决策、策略和建设方向，协调各相关部门，保证规划建设的落实及资源保障。

（2）"智慧岑巩"总体规划小组

以下简称为"总规组"。

小组成员：

岑巩县成员：县委、县政府及相关委办局负责"智慧岑巩"建设的具体负责人。

电子科技大学成员：建设专家组成员。

职责：负责智慧城乡的总体规划、顶层设计和详细设计，制定智慧城乡中长期发展规划；负责总体策划智慧城乡各个阶段的主要目标和任务，指导全县智慧城乡建设；负责向上级领导小组汇报智慧城乡建设的总体思路和建设进度假想。

该小组与下面的"规建实施小组"成员相同，采取"一套班子、两块牌子"的组织模式，但其功能侧重不同。

总规组还负责各小组定期议事和跨部门协调管理机制的具体制定及推进工作，对全县智慧城乡推进工作中遇到的重要事项及协调问题进行研究和决策建议，向"规建领导小组"建议各责任单位工作推进的具体要求等。

（3）"智慧岑巩"规划及建设实施小组

以下简称为"规建实施小组"。

小组成员：

岑巩县成员：县委、县政府及所涉及相关委办局负责"智慧岑巩"建设的具体负责人。

电子科技大学成员：建设专家组成员。

"规建实施小组"成员要求定责定人，在建设期间原则上不进行替换，以保证工作的连续性和稳定性。

职责：对规划建设的目标范围、时间、成本、人力、质量、采购、风险等进行技术层面的具体设计；制订项目实施计划，并对项目实施的进度、质量、成本等进行控制；负责项目实施过程中内外部运作关系的协调；处理在项目实施过程中所出现的问题。

在"规建实施小组"的基础上，小组成员可以根据自己所负责的任务扩展组建自己的分小组（不作硬性规定，各成员可以根据自己的需要定），"规建实施小组"成员作为各分小组组长向"总规组"负责，保证各具体项目的规划建设与总规保持一致。

"规建实施小组"成员的具体职能包括（但不限于）：

专项策划职能：负责智慧城乡相关产品规划，形成产业链和产业集群；负责策划和引导运营商、厂商进行智慧城乡相关产品的研发和生产。

工程计划职能：负责智慧城乡建设各领域建设进度的计划控制；负责监督检查智慧城乡各运营商、厂商的工程实施方案、工程实施过程、运营管理的审核把关。

技术专家职能：负责智慧城乡建设相关关键技术攻关；负责智慧城乡建设各领域建设的技术指导，示范项目和建设项目的技术审核；负责智慧相关产品的技术审核、把关；负责对智慧城乡建设领导小组、各级领导以及总体策划组、技术组、产品策划组等提供技术咨询服务；负责对智慧城乡建设相关关键节点、关键环节建言献策。

资金筹措职能：负责制定智慧城乡近期、中长期发展的经费估算；负责向市发改委、财政局沟通汇报，积极争取资金投入；负责向社会融资，筹措项目建设相关经费，引导运营商、厂商加大投资力度。

新闻宣传职能：负责对广大公众媒体宣传智慧城乡建设的进度以及相关公告、通知，引导社会积极投入到智慧城乡建设当中。

稽查审计职能：负责监督指导智慧城乡建设项目实施过程的进度控制、质量控制、成本控制和过程风险控制；负责智慧城乡建设相关的财务审计；负责项目建设相关各单位、各小组、各运营商的工程监理。

政策法规职能：负责制定智慧城乡相关政策、法律法规，适当向参与项目建设的运营商、厂商倾斜，保证产业链的形成；负责制定智慧城乡相关技术标准和运行规范。

综合保障职能：负责协调领导小组办公室与市政府各单位之间参与智慧城乡建设的相关事宜；负责各小组与其他单位的联络保障；负责领导小组办公室日常办公事宜；负责协调相关部门、行业的信息共享和交换；负责接待各地参观访问团体；负责筹办与智慧城乡相关的国际国内论坛、会议等；负责引进相关领域的专家和人才，提供咨询服务和实际管理工作；积极引进外资和跨国企业入驻投资建设；负责智慧城乡建设项目各专业组的后勤保障工作。

2. 机制体制创新

智慧城乡的建设，也将促进改变政府的运作模式，对政府、企业的机制体制提出了新的要求。一是对市场的应变能力。产品随市场的变化而变化，销售随市场的变化而变化，服务随市场的变化而变化，决策随市场的变化而变化。二是内在的发展动力。加快企业的发展、地方的发展，不管是政府还是企业，都要有一种自学的、主动的、不懈的活力。三是调动人的积极性的机制。用工制度、分配制度、奖惩制度都有利于调动人的积极性，奖勤罚懒，优胜劣汰。具体说来，需要做好以下几个方面的工作。

配套政策创新：制定配套扶持政策，推动智慧应用项目建设。结合岑巩县本地实际，研究制定加快"智慧岑巩"建设的投资、财税、技术、人才、市场监管等方面配套政策。对涉及"智慧岑巩"建设的项目，在准入领域、税费征缴、用水用电用气等方面给予优惠待遇。同时引导银行加大对开展"智慧岑巩"建设的企业及其建设项目贷款支持力度。积极引入市场机制，放宽市场准入，引入市场竞争机制，形成多元化智慧临港投资建设主体。

规范标准创新：加快制定《"智慧岑巩"信息化条例》《"智慧岑巩"信息化共享和交换条例》等法律法规，为"智慧岑巩"建设提供法规制度保障；加快制定智慧城乡项目建设、应用推广、信息共享交换和运行管理等各环节的标准和规范，加快出台相关数据标准和规范，并指定责任部门负责更新完善。

建设评估创新：研究建立"智慧岑巩"建设评估考核体系，引入第三方评估机构，定期对"智慧岑巩"建设推进情况进行评估，发布评估信息和白皮书，为"智慧岑巩"建设决策提供科学依据；加大"智慧岑巩"建设考核力度，检查和督促"智慧岑巩"建设规划、方案和年度计划的落实情况，法规、标准的执行情况，把"智慧岑巩"建设任务落实情况纳入部门和领导班子考核。

3. 决策咨询保障

引进"智慧岑巩"关键领域技术人才和领军人才，建立"智慧岑巩"专家咨询委员会，建设专家决策咨询机制，负责"智慧岑巩"建设过程中的总体规划和各专项规划，对建设项目、技术标准进行可行性论证及评估，定期召开"智慧岑巩"专家研讨会，为"智慧岑巩"建设提供智力支持。

4. 人才建设保障

人才是组织发展的核心，也是推动发展的基础保障。为加强人才建设，具体采取如下措施。

积极完善创业环境和政策环境。增强对人才特别是IT人才的吸引力，引进一批复合型高层次信息化技术人才和网络设施与商业应用管理人才，并在资金补贴、落户安置、子女入学、医疗保障等方面给予切实优惠政策和补贴；依托高等院校、园区、企业和社会办学机构，联合建立各类智慧人才教育培训基地，完善人才培养、引进、使用、交流和服务机制，使人才能引得进，留得住，为岑巩县智慧城乡建设积聚人才基础。

优化全县信息化人才配置。一方面，充实并优化人员配置，深化服务外包方式，将信息化主管部门专业人员从软硬件维护等基础工作解放，确保"智慧岑巩"重大项目的有效投入与持续创新；另一方面根据"智慧岑巩"建设中各部门的职责分工，优化部门信息化专业人员配置。

与对口帮扶单位电子科技大学建立中长期培训机制，按年度选派人员前往电子科技大学进行IT技术的系统培训。

设立"智慧岑巩"奖学金，鼓励本地生源大学生回乡服务。

建立全县内部宣讲、培训机制。以智慧城乡建设为主题，定期在全县各级领导干部间开展专题培训，并逐步深入基层，增进全县对于"智慧岑巩"建设的共识。

加强经验交流与技术学习。加强与先进智慧城市开展交流，吸收其先进理念和有效做法，确保"智慧岑巩"与时俱进；与国内有实力的大学、研究机构进行常态化的智慧城乡管理建设交流与合作，把握发展新趋势、新动态。

5. 宣传推广保障

积极开展"智慧岑巩"重点项目的宣传推广工作。在宣传方式方面，积极利用微信、微博等新媒体，结合传统宣传媒介，大力开展智慧城乡宣传，普及信息化知识，形成良好氛围，增强全民信息化意识。在宣传形式方面，加强智慧城市知识普及和应用培训，支持举办各类智慧城乡论坛、讲座等活动，引导专家、企业、社会团体和广大人民参与智慧城乡建设。通过重大项目召开智慧城乡推介会，创新方式方法，开展全面的宣传推广活动。在宣传内容方面，不仅要展示项目建设成果，吸引全市企业和广大群众积极使用和参与共建"智慧岑巩"应用系统，更要充分重视信息公开和民意收集，为民众、企业和社会组织答疑解惑，根据用户意见和建议及时改进智慧应用系统，形成全社会支持智慧城乡建设的良好氛围。

6. 安全保障

随着"智慧岑巩"向纵深推进，信息安全问题将成为影响"智慧岑巩"建设与发展的关键，因此，必须对"智慧岑巩"的信息安全体系进行研究与分析，与"智慧岑巩"建设同步实施信息安全保障体系的建设。并积极通过树立全面网络安全观，通过顶层设计统筹协调"智慧岑巩"，建设安全保障体系，以系统化信息安全思维建立体系化的网络安全保障措施确保其闭环运行，保障智慧城乡运行安全，以促进"智慧岑巩"建设的可持续发展。

（四）明确实施路径

在基于"精准扶贫"理念下的"电子信息+"的框架下，"智慧岑巩"的发展路径不同于一般的智慧城市，岑巩县的地理位置及后发优势赋予了"智慧岑巩"加速发展、跨越式提升的可能。在确保"智慧岑巩"发展路径与岑巩城乡发展对接的基础上，依照"年年有亮点，事事有创新"的规划和建设理念，描绘岑巩逐步智慧化的发展路径，规划2016—2021年，力争2020年完成既定任务与目标。"智慧岑巩"建设划分为起步、发展、成熟三个阶段，分阶段、分层次建设，点面结合、重点突破，共同推进，"智慧岑巩"建设阶段分布具体如下。

1. 起步阶段（2016—2017年）：铺垫基础，适时启用

大力开展通信、计算基础设施、感知网络、公有大数据中心、信息安全等信息基础设施的集约建设，建成统一的"智慧岑巩"云计算大数据中心和"智慧岑巩"信息安全体系，建成各领域公共数据库，提升"智慧岑巩"基础能力；与此同时，把握岑巩县区域特色，瞄准经济发展、社会民生、政府管理的迫切需求，以电子商务、农业、旅游、文化教育、医疗卫生、政府服务六个领域为突破口，启动一批示范应用，以信息化手段实现智慧提升。

2. 发展阶段（2018—2020年）：以点带面，示范带动

夯实基础设施，完善智慧城市建设，智慧应用数据存储、整合、共享、挖掘和二次开发；全面启动各领域、行业智慧应用建设工作，实现智慧化手段与各领域的深度融合，全面推进

信息资源价值化、政府建设协同化、民生服务便捷化、主体产业互联网化、万众创新智慧化建设，实现基于政府创新和万众创新的智慧应用多点开花，岑巩县智慧化水平全面提升。

3. 成熟阶段（2021 年）：体系完善，塑造标杆

完善应用体系，扩大覆盖范围。扩大智慧城乡建设覆盖方位，实现智慧应用基本目标。全面建成面向居民和区域管理者的大数据融合应用，实现居民服务个性化、政府运行管理协同化，"智慧岑巩"雏形完成展现，岑巩县的智慧显性化发展，区域资源价值深度开发利用，"智慧岑巩"普遍超越标杆。

4. 建设时序

基于"智慧岑巩"总体架构，坚持"基础先行、民生先行、特色先行、量力而行"的建设原则，按时序对智慧城乡重点工程进行分解，有序推进智慧城乡建设（见图 2-4）。

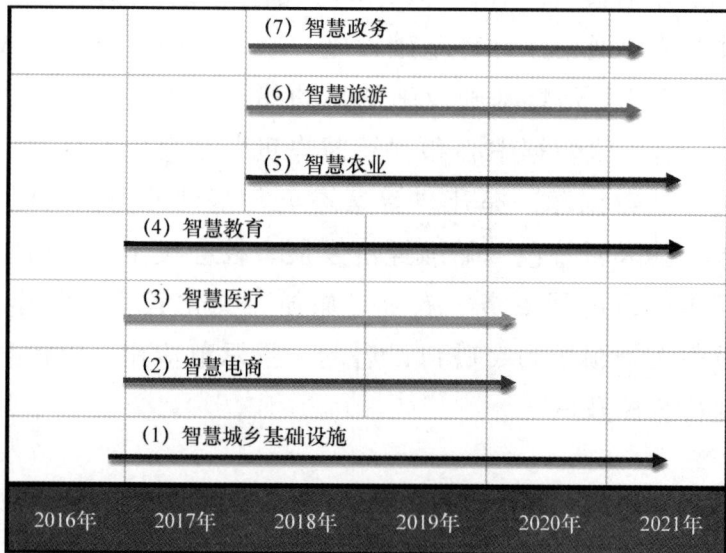

图 2-4　"智慧岑巩"建设时序

资料来源：《智慧岑巩总体规划（2016—2021 年）》。

（五） 确定实施模式

"投融资及运营模式"作为"智慧岑巩"的重要内容，对"智慧岑巩"建设完成之后投入使用，并可持续地发挥智慧化的助力作用，有极其重要的意义。在确定投融资及运营模式的基础上，合理选择项目建设模式，是实现"智慧岑巩"建设的重要保障。本次"智慧岑巩"的建设，在投融资及运营模式的选择上可进行深入的探索，形成一种立足于岑巩县自身实际，同时能够供其他同类地区在智慧城市建设过程中参考借鉴的模式。

1. 投融资及运营模式

（1） 投融资及运营模式分类

围绕"智慧岑巩"建设，项目投融资及运营方式可选择四类：政府投资政府运营类；政府融资政府运营类；政府融资企业运营类；前期政府出资引导，后期市场化运作类。

①政府投资政府运营类

政府投资政府运营，指政府自行出资建设项目，建成后政府自行管理运营。政府投资政府运营模式可以采用代建制管理方式，即政府通过招标，选择专业化的项目管理单位（代建单位），由其负责项目的投资管理和建设组织实施工作，项目建成后交付使用单位（政府）。

该类项目投资运营模式完全由政府主导，项目的投资和运营都是由政府单独进行，可以进行全程管理，具有保密性强、监管方便、运营灵活等特点。

②政府融资政府运营类

该类项目运营模式是政府融资建设，并且项目建成后也是由政府来运营，包括 BT、BLT 模式、国内发行债券等。该模式可以实现投资多元化、利益共享、风险共担，不但可有效地减缓政府财政压力，而且由于其机制新、管理活、权责明确，比传统的政府单独投资建设模式更为高效。

③政府融资企业运营类

该类项目运营模式是政府融资建设，并且项目建成后由企业来运营，包括 BOT、BOO、BOOT 模式。

④前期政府出资引导，后期市场化运作类

该类项目建设初期由政府注入部分启动资金，引导和吸引企业进行建设和运营，在项目逐步进入发展轨道后，政府则逐渐退出，完全实现市场化运作。这类方式能够有效克服项目前期投资大、收益低、对企业吸引力低等弊端。

（2）投融资及运营模式选择

"智慧岑巩"建设涉及政府政务、城市管理、产业经济、医疗教育民生等多种建设内容，而且各个领域的公益性、涉密性、投资规模、维护运营成本、投资回收期等各不相同。因此，"智慧岑巩"在建设过程中，必须通过对项目可经营性、收益性、对企业的吸引力、涉密性、运营成本、投资规模、准入门槛、投资回收期等各方面影响因素进行综合评估，进而采取合适的投融资策略和运营模式，充分发挥政府和社会各自的长处，共同推进"智慧岑巩"建设。

①政府投资政府运营类

智慧教育、智慧医疗、智慧政务等作为社会民生事业，属于公益性项目，建议由政府平台出资建设，并负责后期运营。

②政府融资企业运营类

智慧农业、智慧旅游等项目具有可经营性强、收益高、准入门槛低、保密性要求不高、对投资方吸引力大等特点，这些特点决定了该类项目可以采取政府融资企业运营的融资运营模式。

③前期政府出资引导，后期市场化运作类

智慧电商等项目具有可经营性强、投资规模大、投资回收期长、准入门槛低等特点，这些特点决定了该类项目需要政府前期注入部分启动资金，引导和吸引企业进行建设和运营，待条件成熟后，则完全交由市场运营。

2. 建设模式

智慧城乡无论政府采用何种融资模式，在项目的建设模式上都可以有两种形式，一种总包，一种是总集。

（1）总包

总包是指建设单位将一项工程全部发包给一个承包人完成，承包人按照合同规定的设计文件包工包料，保证质量，按期完工交付使用。承包人通过工程师对业主负责并承担合作合同所规定的一切经济、法律责任。总包方对于项目中部分建设内容不能独立完成的，可以进行分包，分包具体工作完全由总包商负责，包括分包商的选择和管理。

（2）总集

总集是指建设单位将工程分解成多个子项目分别承包给多个承包商，并指定一家承包商作为总集成商负责各子项目的集成工作，总集成商协助建设单位完成项目工程的分解和子项目的招标工作，具体子承包商的选择由建设单位确定。

在具体建设中，采用总包或者总集可视情况，如经费来源、项目内容与性质、进度要求等情况而定。

本章小结

2013 年以来，电子科技大学定点帮扶贵州省岑巩县，通过自身优势和深入走访等措施，倾力做好定点帮扶工作，坚决完成党中央交办打赢脱贫攻坚战的艰巨任务。在对贵州省岑巩县的走访中，电子科技大学认识到贵州省岑巩县在自然条件、社会经济条件、硬件条件、软件条件等多方面均存在诸多劣势及欠缺，如产业结构单一，第一产业比重较大，且基础设施落后，信息化水平低，为经济发展带来了极大阻力。

针对贵州省岑巩县发展存在的相关问题，电子科技大学和岑巩县委县政府通力合作，携手共建脱贫攻坚命运共同体。在实施精准扶贫、精准脱贫一揽子计划过程中，校地双方突出一个核心，抓党建不断增强扶贫组织力，扶贫扶智相结合；搭建一个桥梁，用"电子信息＋"聚合起"金山银山"；聚焦六大板块，全面推进智慧城乡建设。当前，贵州省岑巩县"智慧城乡"建设粗具规模，智慧电商、智慧农业、智慧政务等项目加快推进。

在国家大数据战略、"互联网＋"行动计划大背景下，电子科技大学提出以"电子信息＋"引领"智慧城乡"为抓手的信息化建设思路，把互联网与扶贫工作紧密联系起来，既符合当前供给侧结构性改革方向，也是今后经济社会发展的必然趋势。电子科技大学将进一步完善定点扶贫工作措施，助推贵州省岑巩县"智慧城乡"建设引向深入，让"智慧城乡"成为助力脱贫攻坚的示范典型、助推产业转型的科技支撑、全面同步小康的物质基础。

三 贵州省岑巩县智慧脱贫多措并举奋力奔小康

习近平总书记强调："实施精准扶贫、精准脱贫，因乡因族制宜、因村实施、因户施法，扶到点上、扶到根上。"① 贵州省岑巩县现阶段存在着基础设施薄弱、医疗信息管理滞后、教育技术应用落后、特色农业滞后等劣势。同时，结合校地双方资源禀赋，电子科技大学与贵州省岑巩县形成了认识上的统一，通力合作，携手共建脱贫攻坚命运共同体。

纵向对比发展的薄弱环节、横向评估发展的比较优势，双方一致认为基于岑巩县实际的"智慧岑巩"建设既要立足当前，更要着眼未来。在建设目标和建设思路的指引下，电子科技大学进一步明晰了帮扶具体内容、措施和路径，即在实施精准扶贫、精准脱贫一揽子计划过程中，校地双方突出一个核心，抓党建不断增强扶贫组织力；搭建一个桥梁，用"电子信息＋"聚合起"金山银山"；聚焦六大板块，全面推进智慧城乡建设。

（一）聚焦"智慧党建"引领人心

党的十八大以来，习近平同志站在全局高度，统筹推进

---

① 刘璐琳：《集中连片特困地区产业扶贫问题研究》，人民出版社2016年版，第157页。

"五位一体"总体布局,协调推进"四个全面"战略布局,将扶贫开发和脱贫攻坚摆在突出位置,吹响了打赢脱贫攻坚战的进军号,脱贫攻坚取得显著成绩。党的基层组织处于脱贫攻坚的最前沿,既是党在贫困地区领导脱贫攻坚的旗帜和堡垒,又是党与贫困地区人民群众联系沟通的桥梁与纽带。抓党建促脱贫攻坚,是贫困地区脱贫致富的重要经验;坚持抓党建促脱贫攻坚,是扶贫工作的重要举措。在精准帮扶工作推进过程中,校地双方坚持以加强基层党组织建设、提升党政干部能力为切入点,示范引领各项帮扶工作落在实处、抓在实处。

为此,电子科技大学和贵州省岑巩县校地双方达成协议,电子科技大学利用自身在电子信息领域的经验,遵循《中国共产党章程》、党内相关制度及管理办法,结合党建实际工作,利用电子信息技术,运用"互联网+"理念,打造集政治建设、思想建设、组织建设、作风建设、制度建设、廉政建设和精神文明建设为一体,专注于党务管理和党建创新的"智慧党建"平台。

为巩固基层党组织的建设,积极探索人工智能时代的党建工作方法,通过加强党建为科技、金融的发展注入创新活力,走出一条"用科技助力党建、以党建引领发展"的道路,电子科技大学在对岑巩县"智慧党建"工作进行调研的基础上,为其研发"岑巩'智慧党建'管理系统",此系统具备精准管理党员、实时发布新闻、及时推送消息和实时解答问题的作用,满足脱贫攻坚信息化需求。

岑巩县"智慧党建"管理系统具有三项功能:一是全覆盖,即实现党员的全覆盖,统筹思想建设、组织建设、作风建设、反腐倡廉建设、制度建设;二是全过程,即管理组织活动的全过程,统筹党组织学习交流、考核评价、教育实践;三是全维度,掌握党建数据的全维度,统筹党员数据、组织数据、学习数据、扶贫数据。简言之,通过岑巩县"智慧党建"管理系统的运用,全面统计党员基本信息、推动开展党员学习教育、精确计算党员推广农产品收益数据以及深入了解党组织帮扶需求得以实现，党员队伍教育管理方式有所创新，基层党组织工作思维理念得到转变，有助于加强干部队伍建设，切实发挥好基层党组织的战斗堡垒作用，从而全面筑牢脱贫攻坚前沿阵地，提升决胜脱贫攻坚战斗力，为全面打赢岑巩县脱贫攻坚战立下坚实的基础。

"智慧党建"管理系统将不断完善，最终建设成"6＋N"模式的"智慧党建"平台，"6"指六大平台，即党建资讯平台、组织信息管理平台、党务管理平台、党建活动平台、党员教育平台和数据分析平台。"N"项服务是指各类与党建相关的一系列专项服务，例如资讯推送服务、组织信息初始化服务、党建地图初始化服务、党课推送服务等。聚焦"智慧党建"引领人心，加快岑巩县减贫脱贫以及今后的乡村振兴进程。

1. 党建学习，打造脱贫攻坚前沿阵地

根据教育部统一安排，电子科技大学定点扶贫贵州省黔东南苗族侗族自治州岑巩县。学校高度重视，统筹规划，顶层设计定点帮扶工作，成立了定点扶贫工作领导小组，设立扶贫工作办公室，并定期召开会议研究扶贫工作，编制了相关帮扶计划，明确帮扶工作的原则、思路和主要内容。学校出台《扶贫挂职干部选派管理办法》，选派一名干部任岑巩县党委副书记，一名专职人员驻岑巩县大有镇塔山村，任村第一书记，以需求为导向，以具体项目为牵引，积极落实精准扶贫工作。

根据塔山村党建实际情况，电子科技大学选派的干部不仅提出规范当地的"三会一课"、民主评议等系列制度，还召开了"两学一做"学习教育活动启动会，并组织党员集中上党课，旨在加强党组织之间、党员之间的沟通交流，促进村党组织"三会一课"常态化、实效化、有形化，推动"两学一做"学习教育常态化、制度化。通过启动会，该干部引出了"两学一做"

学习教育的重要性与必要性，并详细介绍了"两学一做"的具体内容，以及作为党支部以及普通党员应如何通过"岑巩'智慧党建'管理系统"有效开展学习教育。此外，他还与支部党员展开讨论，促进党员们为党支部以及村子的发展积极建言献策，极大地提高了支部党员的积极性与凝聚力，强化了党员之间的互动交流，增进了基层党组织活力。

2. 党社联建，推进脱贫攻坚前沿战线

根据贫困村发展定位，岑巩县推动成立农业合作社，由村党支部进行直接管理，实现"党社"联建，把党建与脱贫攻坚工作紧密结合起来：首先是"党支部＋产业能人"，以党员金种子为重点，推动塔山村党支部把产业能人发展到支部或者团结到支部工作中来，培育了多名金种子致富带头人，大力发展生猪、肉牛等养殖产业，在村里起到了明显的带动作用，并实现了种植业生产、供应和销售的环节连贯、步骤明晰；其次是"党支部＋'三变'改革"，塔山村与周边 5 个村联合组建片区"联合党委"，走出一条"强村带弱村、党员带群众、能人带贫困户"的道路，实现了"资源变资产，资金变股金，农民变股民"，促进了农业发展和农产品增收。

（1）党员能人联手强队伍

岑巩县在联建村实行党员分类管理，将所有党员按年龄、技能、性格等进行分类，按照年龄相仿、技能相似、性格相近的原则，采取"1＋1""1＋N"等方式，安排强村党员与弱村党员开展结对帮带，在思路上引、产业上帮、困难上助，帮助弱村脱贫致富。

岑巩县党员积极响应县委、县政府号召，参与"千企帮千村"行动，定期对养殖户进行培训，让养殖户掌握基础养殖技术，为养殖户提供疑难咨询，抵御养殖风险。此外，其与农户签署订单，承诺保底收购，解除养殖户后顾之忧。

（2）基层组织联建强堡垒

岑巩县把地域相邻、产业相近的两个或多个强村和弱村结成帮带对子，一个强村结对帮带一个以上弱村，结对帮带覆盖所有深度贫困村，实现强带弱全覆盖。在联建村建立联合党委或党总支，把强村党支部书记推选为联合党组织书记，把弱村党支部书记或强、弱村支部委员推选为联合党组织委员，配齐配强联合党组织班子。

岑巩县采取"公司＋基地＋农户"和"公司＋合作社＋农户"等多种运行模式，由制种企业与基地农户签订"收购合同"，实行保底价收购，并建立赔偿机制，让种农吃下"定心丸"。例如，起初村民对所获效益存有疑惑，不愿土地流转，村两委、驻村干部挨家挨户做宣传员。同时，塔山村等7个贫困村创新组织方式，以"党建联社"名义，流转土地、集中连片，给老百姓吃了颗定心丸，解决了土地问题。目前，全县已建成千亩标准化栽培示范基地十余个，制种面积达4.23万亩，有国家级杂交水稻制种示范社1家，省级重点龙头企业4家，州级龙头企业20家，州级示范社3家，农民专业合作社140家，制种大户100余户①（截至2019年6月）。

（3）产业发展联心强效益

岑巩县在各村推广"十户一体"抱团发展的基础上，开展强村与弱村跨村抱团发展，实现产业抱团、资金合资、资源合股、管理合营，突破产业资金缺、规模小、土地少等限制，不断扩大产业规模，最大化提高产业效益，实现增收致富。

岑巩县7个贫困村分别以专项扶贫资金50万元入股，加上岑巩县党员投资的100万元，汇聚450万元，共同组建贵州思府农牧有限公司，推动"公司＋合作社＋基地＋贫困户"模式

① 《岑巩县"333"模式助推脱贫攻坚》，2019年6月6日，搜狐网，https：//www.sohu.com/a/319477082_120093413。

建设。贫困户通过特惠贷、土地等入股，不仅有效解决了公司资金急需，还有效解决了贫困户农村资源闲置、收入不稳定等问题，实现多方共赢。在联合党委的指导下，该公司已完成第一期标准化养殖种猪 350 头、年出栏生猪 1 万头的工程建设，2019 年实现年出栏生猪 1 万头，产值 2500 余万元，年利润 250 万—300 万元，按 1∶1∶8 的比例进行分配，10% 用于村集体经济，10% 用于合作社发展，80% 用作股东也即是贫困户分红。每个党建联社贫困村分红 30 万元左右，第一期入股的 210 户贫困户户均可增收 1200 元以上。目前，已实现连续三年分红，2019 年分红 200 万元。[①]

（4）党建引领"路更明、灯更亮"

岑巩县 7 个贫困村党支部共同成立塔山联合党委，构建了组织联建、党员联管、服务联抓、资源联享、发展联推、文化联创的区域化党建格局，走出了一条"强村带弱村、党员带群众、能人带贫困户"的道路，实现了资源变资产、资金变股金、农民变股民，让基层组织成为一盏明灯，照亮县民致富的道路。

例如，为打造以优秀涉农企业为依托的互联网分销体系，岑巩县通过对该县涉农企业的升级指导，带动该县产业结构更适于互联网营销模式，其生产的产品能够在县物流服务体系的高效支持下配送到全国各地市场，保障了"一件发货"等分销模式的可行性。为了促进该县"全民推广本县特色产业"的立体分销体系，岑巩县采取三方面行动：一是依托该县工信局、扶贫办等部门的电商扶贫项目建设要求，促进该县企业分销平台建设，搭建"党建分销模式"，由县委县政府引导全县干部推广贫困户的特色产品，为贫困户带来互联网营销收益，并使用

---

① 《"智慧养猪"：让昔日的贫困村走上致富路——电子科技大学定点扶贫贵州岑巩塔山村取得实效》，2018 年 8 月 12 日，电子科技大学新闻中心网，https：//news. uestc. edu. cn/？ n = UestcNews. Front. Document. SpecialReportArticleDocument&Id = 65765。

"岑巩'智慧党建'管理系统"统计实践数据；二是通过电子商务促进农村综合示范项目建设工作，统筹全县群众的"朋友圈"推广分销能力，帮助其所在乡镇、行政村的贫困户推广特色产品；三是依托该县优秀企业的供销能力，鼓励其积极参与线上线下的产品营销活动，帮助企业扩大销售的同时，加强企业与贫困户的帮协合作，带动贫困户提高供货收益。鉴于该县相当规模的贫困群体都有外出务工的需求和现实情况，在开展扶贫培训、扶贫点打造工作期间，有意识地组织微信群，时时在群内介绍分销共赢模式，即该县外出务工人员推广代销代卖本县农特产品的创收模式。并由该县知名网销平台提供在线下单和配送服务，由县电子商务公共服务中心负责订单的管理售后等服务，由外出务工人员推介的订单将获得卖家不同比例的销售奖励，为其带来分销收益，从而提升外出务工人员的分销积极性，保障分销体系的持久运作模式。

3. 爱心结对，加固脱贫攻坚后援防线

与爱同行，以爱筑城，电子科技大学与岑巩县特定机构爱心结对，通过对残疾人士进行就业培训与教育学习，以及提高医务人员服务能力和对伤病患者关照意识，把温暖、问候与鼓励送进困难户的心里，用心用情用力践行爱心行动。

（1）培训教育残疾人士

为贯彻落实《电子科技大学2018年定点扶贫工作计划》、2018年定点扶贫岑巩县工作方案以及学校党委组织部《关于开展与贵州省岑巩县定点党建结对帮扶工作的通知》等文件精神，物理学院党委根据自身实际，与岑巩县残疾人联合会党组结对，充分利用"岑巩'智慧党建'管理系统"，开展岑巩县残疾人定点帮扶工作，进一步发挥党建在脱贫攻坚中的引领作用。物理学院在前期与岑巩县政府和县残疾人联合会进行沟通的基础上，结合自身专业特长和近几年的工作基础，对岑巩县残疾人

定向扶贫方案有了初步设想，包括残疾人电子商务职业培训、残疾人电子商务创业培训、残疾人高等职业教育圆梦计划以及文化传承和党建工作交流五个方面的内容，并确定了学院党委与岑巩县残疾人联合会党组的党建帮扶框架协议，研究制定了帮扶工作方案和年度计划，推动建立了长效帮扶机制。此外，物理学院将为大有镇大寨村残疾人提供免费学历教育和相关技能培训，并针对塔山村在今后的发展中遇到的问题进行全力帮助。在双方的努力下，岑巩县残疾人士不仅生活得到了更好的保障，学习与就业也拥有了更多的机会。

（2）提高医疗意识能力

为提升学校定点帮扶县——贵州省岑巩县医疗服务能力，促进帮扶工作的有效开展，电子科技大学校医院扶贫队赴岑巩县开展"送医送药进村寨"定点帮扶工作，与大有镇中心卫生院签订框架合作协议，结为"姊妹医院"，并向卫生院捐赠了一批价值2万元的医疗器械。另外，校医院优秀医生代表以《心肺复苏》《急腹症鉴别诊断》《康复治疗技术简述》为题，为卫生院30余名医务人员及村医进行专业技术培训。此外，校医院为大有镇上百名群众进行健康义诊，并对行动不便的重症患者提供温暖的上门医疗服务。[①] 在两家单位联系逐步加深的情况下，大有镇百姓得到了更加优质的医疗保障与服务，健康情况日益改善，人民幸福指数也不断提升。

4. 结对共建，夯实脱贫攻坚战斗堡垒

2018年，学校开展二级党委（党总支）、基层党支部与岑巩县8个省级深度贫困村和教育系统11个单位党支部"一对

---

① 《校医院赴岑巩县开展医疗扶贫对口支援工作》，2018年1月2日，电子科技大学新闻中心网，https：//news. uestc. edu. cn/？ n = Uestc-News. Front. Document. ArticlePage&Id =62116。

一""多对一"定点帮扶工作，积极发挥党员带头作用和支部战斗堡垒作用，助力解决贫困群众思想问题，解决脱贫攻坚中的实际困难，增强帮扶基层工作实效。

为进一步发挥党建在脱贫攻坚中的引领作用，全力做好电子科技大学定点帮扶岑巩县工作，电子科学与工程学院党委积极响应国家精准扶贫政策，主动对接岑巩县8个省级深度贫困村之一的长坪村，贯彻落实"一对一"定点党建结对帮扶工作。基于"岑巩'智慧党建'管理系统"，并通过深入村寨实地调研，就教育扶贫、科技扶贫、智力扶贫等方面与当地政府进行了交流，了解了大坪村帮扶需求，电子科学与工程学院进一步发挥现有优势，从完善帮扶机制、聚焦帮扶对象、强化帮扶实效三方面扎实助推岑巩县大坪村党建结对帮扶工作，以共同打赢扶贫攻坚战。

第一，完善结对帮扶工作机制。学院设立结对帮扶工作小组，确定院级扶贫专员，定期召开专题工作会议，将结对帮扶工作纳入二级党委重点工作，制定结对帮扶工作执行计划书、任务安排表及分工等。自确定党建结对帮扶工作以来，工作组认真梳理长坪村多坡地、缺水、田地少、交通不便、脱贫攻坚任务急迫等实际情况，召开多次专题会议研究帮扶对策，提出了"党建引领，精准扶贫"的工作原则，拟定了多项帮扶计划，并根据与长坪村对接后的实际需求，逐一调整与分步落实。

第二，聚焦结对扶贫对象。学院结对帮扶工作小组赴岑巩县大坪村，深入农户家中实地考察具体情况，并与岑巩县水尾镇大坪村的相关负责人形成党建结对帮扶框架协议，共商帮扶具体事宜。通过走访农户和深度座谈，创建"电子科学与工程学院党支部＋大坪村委会党支部＋贫困户"模式，学院14个教工支部和部分学生党支部根据自身实际，实行与15个五保户"一对一"自愿结对帮扶对象，通过捐款捐物、购买农户农产品和手工艺品等方式，针对每家每户的不同特点，创新帮扶手段，充分发挥党员和支部引领作用，带动贫困户自主脱贫，加快贫困户自愿脱贫步伐。

第三，强化结对扶贫工作实效。学院工作组入户调研考察，针对大坪村深度贫困状况，亟须解决脱贫攻坚中的实际困难，增强帮扶基层工作实效。将学院优势与定点扶贫长坪村所需相结合，创新开展教育对接，实现精准扶贫工作。以社会实践队为依托，实施"成电梦想党建活动室"，投入一定经费购买图书，面向中小学生开展读书工程，打造书香校园。利用假期，选派支教队伍，开展支教团集中带班辅导当地中小学生学习补课，组织"微宣讲团"进学校、进社区，宣讲党的十九大精神，以各种形式定点帮扶当地贫困学生。成立科技扶贫师生团队，紧密结合专业知识，全力服务乡镇发展。

在电子科技大学电子科学与工程学院的长期努力与岑巩县的积极配合下，长坪村的困难逐一排解，不仅自然资源得到有效利用，解决了农业灌溉缺水与农民田地不足问题，还使贫困户的境况得以改善，在外界人士的慷慨帮助与自身勤奋劳作的双重作用下基本实现了自给自足，并且学生的学习条件有所提高，一是校园环境更加优美，给学生创造良好的学习氛围，二是教师与图书资源更加丰富，激发学生的学习热情与兴趣。

（二）着力"校地合作"帮扶推动

为全力以赴做好定点扶贫工作，电子科技大学与定点帮扶地区建立常态化对接联系，不断丰富完善校地双方合作机制，逐步细化双方合作事项，使定点扶贫工作在精准施策上出实招、在精准推进上下实功、在精准落地上见实效。坚持以科学发展观为指导，按照"互动发展、互利共赢、重点突出、注重实效"的帮扶原则，采取优势互补、资源共享、项目支撑、完善机制等措施，校地合作即学校和地方双方从人才、技术、产业等领域进行全方位、多元化的合作，此举不仅是创新高校与地方政府党建工作的有益尝试，也是双方加强交流、优势互补、深化党建共建合作的重要契机，更是双方面向未来、携手共进、协力共赢的有力举措。

1. 总体规划：量身绘制智慧蓝图

岑巩县城乡现代化发展虽已取得一定成绩，但经济社会发展、基础设施、财政收入较为落后，信息化水平不高，抑制了城乡经济发展。为加快城乡经济建设，该县创新理念，大力加强"智慧岑巩"建设，结合县情，委托电子科技大学为其"量身绘制"了一张"智慧蓝图"——《"智慧岑巩"总体规划》（以下简称《规划》），期限为2016—2021年，主要包括规划概述、现状分析、"智慧岑巩"建设的必要性、需求分析、信息化发展规划原则及目标、总体架构、重点工程建设、实施路径、实施模式、保障措施、附件共11部分，旨在以城乡一体化的发展思路，高标准新理念打造"智慧岑巩"。《规划》在全国范围内首次提出"智慧城乡"的概念，将"智慧城市"的理念向"乡村振兴"延伸了一大步。

根据《规划》，该县将落实项目顶层设计和规划，重点在农业、医疗、教育、扶贫、旅游、城市治理、农村电商等领域开展"智慧岑巩"试点项目建设，着力构建信息资源高效融合的公共信息服务支撑平台，实现数据的汇聚共享，为全县信息化建设提供基础支撑。通过"智慧岑巩"建设，将逐步使全县信息通信技术基础设施不断完善，从而打造黔东片区生态宜居环境，不断提升城市管理与民生服务水平，加快产业结构调整与创新能力提升，实现全县经济快速增长。

2. 详细规划：多方智举引领岑巩

岑巩县以《规划》作为"智慧城乡"建设的"行动纲领"。"智慧城乡"建设是岑巩县弯道超车的战略选择。脱贫致富不能只局限于补农业的"短板",而是要着眼于经济的全面提升,电子科技大学旨在利用'电子信息+'的优势,为岑巩县全面发展插上信息化的翅膀。

具体而言,电子科技大学由学校一名常务副校长主管学校扶贫帮扶工作,学校人力资源部作为主要牵头单位负责具体统筹落实,党委组织部、统战部、党委学生工作部、科学技术发展研究院、合作发展部、国有资产与实验管理处、继续教育学院、后勤集团及部分学院作为参与单位,各单位负责人作为扶贫工作小组成员,并基于岑巩县的实际情况,积极组织、动员校友及校友企业支持、参与该县的信息化人才培养、技术扶持和产业助推,以助力该县攻破难关实现脱贫。

(1) 人才支撑:扶智扶志培养"智慧人才"

立德树人是教育的根本任务。如何利用信息化技术手段来推进岑巩县的教育现代化,是电子科技大学定点帮扶之初就深入思考的问题。为认真落实新时代党的教育方针,岑巩县把思政课作为关键课程来抓,以信息化发展作为落实立德树人根本任务的重要抓手,注重信息化与素质教育的深度融合,充分发挥全县教育单位的思想引领、示范带动作用,助力打造高水平人才培养体系。

与信息化发展相对的是,从岑巩县到所辖乡村,越往基层,干部、群众的信息化素养越薄弱,很多人对"上网之后做什么"充满困惑,因而培养信息化人才成为急需。

①急需人才短期培养

为加强岑巩县信息化人才培养,电子科技大学采取一系列措施,聚焦电子商务、大数据等内容,投入50余万元,为岑巩县举办科级干部与后备干部集中培训班,培训干部254人。电子科技大学还通过开展"思州大讲堂"专题讲座,增强岑巩县中青年干部信息化素养和信息化工作能力。

2017年4月,由四川省干部教育培训基地承办的为期5

天的岑巩县"互联网＋"农文旅专题培训班在电子科技大学举办。此次培训班的学员主要为岑巩县县级相关部门领导干部，共55人。培训方案既有农业、文化、旅游方面的专题讲座，也有实地参观考察，其中考察占了重要比重，旨在为参训干部学员提供经验和思路借鉴，为加快岑巩县全域发展提供智力支撑。

同年8月，电子科技大学干部教育培训基地举办岑巩县中青年干部培训，为期5天。根据岑巩县委的具体要求，此次培训充分针对该县中青年干部的特点，着重从领导管理水平提升、干部素养、应急管理三个方面，提高参训干部学员的综合能力和素养，为岑巩县打造现代管理干部队伍提供智力支撑。

2018年5月，由电子科技大学干部教育培训基地承办的岑巩县2018年科级干部学习党的十九大精神专题培训班召开，共47名岑巩县科级干部参与此次培训。① 培训期间，学员认真学习了习近平新时代中国特色社会主义思想、公文写作规范与技巧等课程内容。此外，学员还前往郫都区战旗村，进一步深入学习和领会习近平总书记系列讲话精神，认真观摩和借鉴成都实施乡村振兴战略，加快农村发展、改善农民生活、推动城乡一体化的相关经验。

②专业人才长期委培

电子科技大学接收51名岑巩青年干部到该校科研中心、校友企业及下属各部门开展为期三个月的计算机能力提升培训与挂职锻炼；招收17名岑巩籍建档立卡贫困家庭学生，进行为期三年的计算机专业大专学习培养；积极发挥"引智"作用，协

---

① 《我校干训基地举办岑巩县科级干部专题培训班》，2018年5月15日，电子科技大学新闻中心网，https：//news. uestc. edu. cn/？n ＝ UestcNews. Front. Document. ArticlePage&Id ＝64094。

助岑巩县引进高校优秀毕业生81名。[1]

2013年至今，电子科技大学实施农村专项自主选拔计划，招收岑巩农村优秀高中毕业生。2017年4月，电子科技大学本科生招生办公室、航空航天学院、微固学院、外国语学院赴定点扶贫县贵州省岑巩县，开展此年高考招生宣讲及科普讲座。本科生招生办主任一行在岑巩中学，面向全县120余名高三学生代表进行了招生政策宣讲，介绍了学校的概况、专业、人才培养模式、校园生活、招生情况等，对同学们感兴趣的本科毕业生去向以及校友情况做了讲解，并激励学子们努力奋斗，实现自己心中的大学梦。航空航天学院副院长为高一、高二学生开展主题为《人工智能 & 未来世界》的科普讲座，吸引众多学生参与。该教授以幽默风趣的语言，利用大量高中生易于接受和理解的影像资料讲解了现今人工智能发展的态势。微固学院党委副书记调研了岑巩职中的发展现状，并就双方人才方面的合作事项提出针对性建议。外国语学院则表明会大力支持岑巩中学日语教学和日语人才培养工作，双方将就学生社会实践、学生实习、组建日文课外阅览室、日语班学生课外活动、日语教师培养培训、构建高中日语教学试题库等展开合作与帮扶。

此外，电子科技大学继续教育学院与岑巩县职业技术学校形成结对帮扶关系，在师资培养、联合教学等方面给予支持，并投入教育帮扶奖学金，推动岑巩教师教学水平的提高和学生学习能力的进步。

③信息手段德育管理

根据电子科技大学谋划的"智慧蓝图"，自2018年起，岑巩县教育局启动了一系列以"智慧德育管理"为主题的推广工

---

[1] 《智慧岑巩：搭上信息化"快车"奔小康——电子科技大学发挥学科优势助力贵州省岑巩县精准脱贫》，2018年10月23日，科学网，http://news.sciencenet.cn/sbhtmlnews/2018/10/340137.shtm。

作，以该县第三中学为试点，旨在利用信息化手段，开启素质教育的创新模式，提升全县教育信息化发展水平。具体而言，"智慧德育管理"即是利用云储存与大数据等信息技术，实时记录学生在班级中、寝室里的行为表现，汇集来自班主任、学科老师和同学的评价并发送给家长，促成了"家校共育"的良好互动，解决了以往德育考核评价方式模糊、效率低等问题，让学校对学生的评价有据可循、更规范。电子科技大学引入了其校友企业——专业服务商来搭建智慧德育管理平台，该平台主要包含"德育常规评价反馈系统"和"学生个人素质综合评价系统"两大板块，囊括了与学生德育相关的十多项指标，能帮助学校实现学生成长的全过程记录，充分发挥评价的正确导向作用，全面提升中小学生的综合素质。

试点期间，岑巩县教育局牵头，多次组织教职工集中培训，学习使用平台。同时，由岑巩县第三中学副校长带队，前往成都石室初中青龙校区学习该校在智慧德育管理工作方面的丰富经验。同时，电子科技大学启动了人才先行战略布局，开展教育信息化能力提升的系列培训，内容涉及政策解读、"互联网＋"、大数据等方面，参学党员干部群众2000余人次，有效增强了岑巩县中青年干部信息化素养和信息化工作能力。

通过短期培养、长期委培与德育信息化管理，岑巩县现有干部与后备人才的综合素质与专业能力得以充分提升，而作为未来中流砥柱的在校学生的品德习性也得到更为规范的引导，为岑巩县脱贫攻坚提供了源源不断的内生动力。

（2）技术支援："智慧系统"破解精准扶贫难题

在"智慧设计、核心聚焦、系统推进、点面突破"的工作思路指引下，电子科技大学在具体的"点"和"面"上也取得了重要突破，由该校科研团队开发的"智慧扶贫作战指挥系统"就是最好的例证。为助力岑巩县脱贫精准发力，电子科技大学从信息收集和资源利用两方面提供有效的技术扶持。

①贫困信息数字化采析

经过调研，电子科技大学发现了岑巩县的三大需求"痛点"：第一，一线工作人员入户调查的工作量大、手续烦琐；第二，全县的整体扶贫状况无法直观呈现、统揽全局；第三，原有的贫困户数据需要进一步确证并动态更新，以确保"精准扶贫"既精又准。针对这三大"痛点"，电子科技大学研发出融合"扶贫综合门户""贫困对象平台""作战指挥系统""资源调配平台""工作绩效评估"五个方面共 16 个子系统的云架构体系，以移动终端为载体，建成以建档立卡贫困户和项目资金为重点的扶贫工作移动巡检系统。

该系统上线后，冲在扶贫一线的基层干部获得了便利，首批用户之一、电子科技大学驻岑巩县大有镇塔山村第一书记表示，以前入户调查需拿一摞各种各样的表格，现在用手机 APP 来填写，更为方便，而且还可以快捷地查询信息。而在系统的另一端，即位于岑巩县城的"智慧扶贫作战指挥室"的大屏幕上，一线数据经过汇聚、分析和可视化处理，便可以一目了然地展示全县各镇、村的扶贫状况，从而为全县的扶贫攻坚提供有效的决策依据。

目前，贵州省正在大力推进大数据与脱贫攻坚深度融合，实现户籍、教育、健康、就业、社保保险、住房、车辆、银行、农村低保、残疾人等信息与贫困人口建档立卡信息有效对接，加快精准扶贫的数字化应用。而智慧扶贫作战指挥系统将通过不同数据的关联、比对，精准识别、智能标记贫困户和非贫困户，切实把精准扶贫落到实处，用好国家扶贫的每一分钱。二期项目建设预计将在 2020 年实现该系统的全部设计功能。

②自然资源信息化管理

为提升岑巩县在农林业资源利用与国土资源规划方面的科学决策、精细化管理水平，2018 年 8 月，电子科技大学与岑巩县签署了《岑巩县数字资源环境分析与展示系统框架合作协议》，该校承担此次项目的资源与环境学院深入岑巩县进行调研，与县农业局、林业局、国土资源局及县扶贫办等多部门的领导及业务人员交流探讨，详细了解该县农业耕地种植情况、林业生态情况，梳理该县国土用地使用情况及其后续招商引资等需要。调研中，该学院团队赴岑巩县 2/3 以上的乡镇，了解并收集到集中连片耕地产业种植情况与综合利用需要、规模化产蛋鸡场的占地资源利用及扶贫机制信息、岑巩特色思州柚产业基地的坡地利用与产销等情况，为开发系统积累翔实的资源环境数据资料。为尽快完成系统研发，降低研发成本，资环学院教授积极动员并获得河南图道信息技术有限公司对系统研发的支持，构建了基础平台模块，缩短了开发周期，降低开发成本 1/2 以上，实现了高效益低投资的系统研发。团队成员着力于解决岑巩县整体资源状况无法直观呈现、统揽全局，以及原有的各类资源数据需要进一步规范化并及时动态更新这两个难点，确保"精准扶贫"既精又准，最终完成"岑巩县数字资源环境分析与展示系统"研发，见图 3-1。低成本高效益的资源分析与展示系统通过电子信息与地球科学的结合，不仅帮助岑巩县农牧业、林业、国土资源、行政规划四大业务实现了信息化、数据化和智慧化，为岑巩县委县政府科学决策提供了大数据支持，还为全县各部门协同办公搭建了平台，实现了数据的共建与共享，并降低了对外展示资源环境的人力和物力成本，促进了招商引资。

2019 年 4 月，通过深入交流和实地踏勘，电子科技大学和岑巩县双方确定将"天空地一体化水稻农情精准监测与分析大数据平台"项目作为学校帮扶岑巩县智慧农业的一期建设项目。该校资环学院定量遥感团队基于主持的国家重点研发计划课题，围绕岑巩县国家级杂交水稻种子生产基地的精准农业需求（图 3-2），集成定量遥感、时空大数据等核心技术，计划研发集水稻长势精准监测、药肥精准施用和水稻估产能力的大

图 3-1　贵州省岑巩县数字资源环境分析与展示系统

图 3-2　贵州省岑巩县杂交水稻制种基地一角

数据平台，推动岑巩县农业产业转型升级，促进其智慧农业生根发芽。该项目的实施不仅会支持岑巩县精准农业建设、助力绿色农业和生态环境保护，更将直接带动岑巩县上百户建档立卡贫困户参与，对岑巩县"产业脱贫一批"做出积极贡献。该项目经费由资环学院定量遥感团队承担，研究成果将全部交付岑巩县使用，并负责技术培训。

（3）产业支持："智慧项目"带动经济全面提升

在国家大数据战略、"互联网＋"行动计划大背景下，电子科技大学提出以"电子信息＋"引领"智慧城乡"为抓手的信息化建设思路，把互联网与扶贫工作紧密联系起来，既符合当前供给侧结构性改革方向，也是今后经济社会发展的必然趋势。对于未来，电子科技大学将进一步完善定点扶贫工作措施，助推岑巩县"智慧城乡"建设引向深入，让"智慧城乡"成为助力脱贫攻坚的示范典型、助推产业转型的科技支撑、全面同步小康的物质基础。在岑巩县与电子科技大学双方的共同努力下，"电子信息＋"的理念正在通过一批"智慧产业"示范项目落地生根、开花结果。

①"智慧养猪"项目

从2017年1月起，电子科技大学先后投入近100万元资金，为大有镇塔山村的"智慧养猪"项目完成智慧化管理系统开发和硬件建设提供了大力支持。"智慧养猪"项目分四期实施，已经完成前三期的建设投资，主要涉及养殖环境感知系统、养殖场视频监控系统、养殖场远程管控系统、养殖场信息管理系统和健康猪可视化营销管理系统等方面（图3-3）。采用信息技术之后，从自动监测到精准管理，每一个环节都可以节约成本、提高效率，如今只需6个工人，就可以高水平地管理年出栏10000头的养猪场。[1]

---

[1] 《电子科大定点扶贫"智慧养猪"》，2018年10月29日，中国教育新闻网，http://www.jyb.cn/zgjyb/201810/t20181029_1254918.html。

图 3 - 3　贵州省岑巩县塔山村智慧化生猪养殖场

就经济效益来看，"智慧养猪"可减少养殖管理人员 2 人，并能显著提高饲料转化率和生猪繁育率、出栏率，同时可使每头生猪节本增收 200 元，按年出栏 10000 头猪来算，可实现增收 200 万元以上。[①] 此外，"智慧养猪"在节能和环保方面也会产生可观的效益。2018 年，"智慧养猪"项目作为岑巩县典型项目成功申报贵州省大数据产业融合示范项目。

②"智慧商务"项目

电子科技大学积极推动岑巩县将电子商务作为供给侧改革和县域经济转型发展的重要战略来落实：2016 年，协助岑巩县成功引进京东入驻电商产业园；2018 年，组织专家协助岑巩县成功申报国家级电子商务进农村综合示范县，获得国家 2000 万元资金支持。

---

① 《电子科大定点扶贫"智慧养猪"》，2018 年 10 月 29 日，中国教育新闻网，http：//www.jyb.cn/zgjyb/201810/t20181029_ 1254918.html。

③ "智慧融媒"项目

随着互联网的迅速崛起，大众传播手段迈向"多媒体"和"流媒体"，群众获取信息更加便捷、广泛和立体。为加强岑巩县融媒体人才队伍建设、提高技术服务保障、完善网络营销运用、推动媒体融合发展、提升传媒核心竞争力，电子科技大学物理学院于 2019 年 6 月前往岑巩县融媒体中心参观考察，并与县融媒体中心签订合作协议，围绕帮扶建设目标，加强技术服务支持，帮助岑巩打造特色优质融媒体 APP 平台，打通基层新闻舆论工作的"最后一公里"，努力把融媒体中心建成区域信息服务枢纽、信息服务中心和便民服务平台，充分发挥鼓舞士气、凝聚人心、服务群众的功能。

基于该中心的具体需求，电子科技大学充分发挥高校智力、人才、技术等优势，加强沟通，明确任务、精准施策，旨在将岑巩县融媒体 APP 平台打造成"新闻 + 政务""新闻 + 服务"等领域的全县主流舆论阵地和综合信息服务平台，充分实现资源共享、互利共赢，推动媒体融合向纵深发展，进一步提升全县新闻舆论宣传的引导力、影响力、公信力和传播力，为岑巩的乡村振兴贡献力量。

（三）搭建"电子信息 +"扶贫桥梁

电子科技大学分析岑巩县信息产业及电子信息产业后，发现当地虽有一定的信息产业基础，但是相对薄弱。近年来，岑巩县在教育科技、医疗卫生、电子商务、农业扶贫等方面加快了建设步伐，但由于经济总量规模偏小，经济基础薄弱，交通、信息、科技等基础设施建设相对滞后，信息化、智慧化发展的整体水平低，差距明显，无特色应用，智慧化对经济社会发展的支撑力度薄弱。基于此，中共电子科技大学第九次代表大会将定点扶贫工作列入学校党代会工作报告，明确指出："要切实做好基于'精准扶贫'理念的扶贫工作，探索'电子信息＋智慧城乡建设'的扶贫新路，从教育、医疗、电商、农业领域为学校发挥教育特长、学科优势，实施精准帮扶提供实践路径。"

1. "电子信息＋教育"扶智扶志

治贫先治愚，扶贫先扶智。教育是阻断贫困代际传递的治本之策。结合岑巩县脱贫攻坚实际和电子科技大学教育资源优势，校地双方就教育扶贫达成共识，坚持"扶贫先扶智，扶贫必扶志"，用教育扶贫打破贫困代际传递，拔除"穷根"，将信息技术与教育教学深度融合，充分发挥信息技术在教育教学改革中的重要作用。校地双方以建设"黔东基础教育高地"为目标，构建了"1个目标、2项重点、3类群体、4个计划"的创新型"电子信息＋教育"扶贫新模式，简称"1234"模式。

瞄准"1个目标"，即以加强控辍保学、打造"黔东基础教育高地"为目标，实现"人人有学上、个个有发展、家家有希望"；聚焦"2项重点"，即以增强小学教育入口端、提升高考录取出口端为重点，不断夯实教育脱贫根基、提升教育脱贫能力；围绕"3类群体"，即主要围绕建档立卡贫困学生、小学教育阶段学生、高中教育阶段学生三类群体分类施策；实施"4个计划"，即大力推进教育培训"人才计划"、科技为教育赋能"跃升计划"、教育发展"均衡计划"和教育扶贫"聚力计划"。

（1）实施教育培训"人才计划"，"强"教育理念和师资

为切实建强做优岑巩县教师教育，全面提升教师素质能力，建设一支高素质、专业化教师队伍，电子科技大学深化实施了教育培训"人才计划"。

①提升理念方法，树牢教育教学"新标杆"。首先，为更新教育管理理念、强化教育管理者"领头羊"作用，该校面向岑巩县中小学校长开设综合素质提升班，传授现代教育理念、打造特色学校、加强发展规划，对110名校长进行专项培训和指

导。其次，为提高教学技能和水平、引领教师专业成长，该校面向岑巩县中小学教师实施教学骨干培训"人才计划"，投入40万元提升语文、数学、外语、体育、心理健康、信息技术等科目教师的教学技能，累计培训教师1300余人，见图3-4。在2017年、2018年教育部"一师一优课，一课一名师"评选活动中，岑巩县先后有13人获"优课"表彰，获奖人数居黔东南第一。①

②加强师资建设，拓展引培并重"新思路"。一方面，为提高中小学办学水平和质量、推动基础教育改革发展，不断加强教育人才引进力度，该校助力聘请岑巩县第一中学校长等30名教学管理人才，推荐优秀硕士毕业生代表落地岑巩，在全国各重点高校招聘74名优秀大学毕业生扎根岑巩教育系统。另一方面，为主动适应深化基础教育课程改革、全面实施素质教育的现实需求，加速现有教师队伍培养，该校邀请中国心理学会人格专业委员会委员等30名专家实地开展教学指导，并将短期培训和长期进修相结合，每年有10名中小学管理和教学骨干到电子科技大学附属中小学轮岗进修；通过面对面指导和远程研讨，组织电子科技大学附属中小学教师和岑巩县教师在线互动研讨。②

（2）实施科技赋能"跃升计划"，"促"教育改革发展

为推进教育管理和教学信息化建设，电子科技大学指导岑巩县在贵州省率先编制完成了智慧教育规划设计，并大力实施科技赋能"跃升计划"。

①找准赋能抓手，加速智慧教育落地。一方面，为构建教育信息化应用模式、推动教育理念更新，该校开展远程教育，

---

① 《打造"电子信息＋教育"扶贫新模式　深入推进"1234"基础教育强基工程》。

② 《电子科大定点扶贫"智慧养猪"》，2018年10月29日，中国教育新闻网，http://www.jyb.cn/zgjyb/201810/t20181029_1254918.html。

引进"缤果英语",投入 220 余万元,启动建设贵州省首个覆盖县域 30 所中小学校 59 个班级的英语口语"空中课堂"项目,搭建黔东南第一个"两地三端"(电子科技大学、电子科技大学实验中学与岑巩县第一中学)远程教育系统。另一方面,为推进信息技术与教育管理及学科教学的融合,该校不断加强平台建设,投入 73.9 万元建设岑巩县第二中学校园信息化平台、第三小学思政影视智慧课堂、第三中学和第三小学智慧德育平台,推进信息技术与教育教学的融合和中小学思政教育改革,助力岑巩县教师在省州"微课"等技能竞赛中多次获奖,使岑巩县成为贵州省 9 个教育信息化建设试点示范县之一。

②扩大辐射带动,推进教育教学改革。一方面,为找准教育教学改革突破点和"以点带面"关键点,该校深化实施英语口语"空中课堂"项目,其教育理念和教学方法启发和推动了岑巩县中小学英语及其他课程的教学改革;另一方面,为推动研讨性教学模式推广,该校加强"空中课堂"远程教育系统建设力度,实现了课堂内容及课件录制、存储、点播和直播一体化,教学内容逐步从外语扩展到语文、数学、物理、化学、生物、历史等课程,不断激发岑巩县教师对教育教学的热情。

(3) 实施教育发展"均衡计划","提"教育教学质量

为扩大优质教育资源覆盖面、促进岑巩县城乡之间义务教育的均衡发展、促进教育公平和提高教育教学质量,电子科技大学与岑巩县一道推进实施教育发展"均衡计划"。

①强化优质教育资源共享,促进教育公平。一方面,为积极推进线上平台资源共享,该校加快建设"空中课堂"远程教育系统,开启"两地三端"教学互动和研讨新起点,实现了岑巩县学生"实时连线"成都市优质教育资源,且英语口语"空中课堂"实现了 3000 余名学生与北美优秀教师的"面对面"。另一方面,为推动线下资源互动,该校积极引入学校附属中小学等优质教育资源,专项资助 200 余名岑巩县优秀学生和贫困

学生到学校附属中小学参观、学习等互动活动50余次。2013年以来，该校从硬件改善、软实力提升、师资共享等方面持续发力，让贫困地区的孩子实现了从单纯感受到切身享受优质教学资源的转变。

②探索多元化特色发展路径，提高教育质量。一方面，为补齐岑巩县高考英语短板，该校积极探索日语课程特色发展路径，指导岑巩县第一中学进行日语课程的建设，为英语基础差的学生开拓出高考考日语的差异化比拼路子，连续3年无间断选派优秀日语教师支教、上示范课、投入106万元建设日语阅览室，取得了5年间高考外语平均分提升20分的成绩，其中日语高考人均分高出全州英语人均成绩近40分，探索出一条外语成绩提升"长期提升靠空中课堂，短期发力转学日语"的特色发展道路。另一方面，为挖掘中小学科创竞赛潜力，提高综合竞争实力，该校积极推进科创竞赛发展，邀请曾带队获得国际赛冠军的教授指导创客教室建设并开展培训，助力岑巩县学生获评贵州省"贵青杯"大赛一等奖1名、二等奖3名，实现了县中学生参加科创比赛获省级奖项零的突破。

（4）实施教育扶贫"聚力计划"，"创"全民重教环境

为积极调动社会力量参与教育扶贫、推进基础教育发展、关爱贫困地区学生成长，电子科技大学与岑巩县携手持续实施教育扶贫"聚力计划"。

①建强捐资助学保障，全过程守护学生成长。首先，着力募集爱心基金助学，该校领导和各院系、部门多次深入岑巩县持续开展扶贫助学行动，推动募集爱心助学基金，累计募集30余万元，保障了岑巩县160余名贫困学生就学。其次，着力探索"零负担"助学，该校继续教育学院招收17名岑巩籍建档立卡贫困家庭落榜学生，进行为期3年的计算机专业大专学习培养，该批学生的学费与生活费通过学校减免、企业赞助、县政府补贴等形式实现了零负担。最后，着力用爱心培育希望，

校内党支部与塔山村 18 个贫困学生积极开展"爱心一帮一"帮扶工作，强化情感纽带，注重对贫困学生发展的全面指导。①

②凝聚社会各方力量，全方位扩大扶贫局面。一方面，汇聚成电校友爱心力量，该校协调"蓉之风华"和苏州、无锡、常熟等地的校友会，举办"让艺术点亮孩子人生梦想"公益行活动（图 3 - 4）；引入校友资源捐赠 50 余万元，在岑巩县第三小学建成全国首个以艺术物联网为智能载体的 BOE 蓉华创新艺术体验中心，且动员校友企业贵州联科卫信科技公司设立 10 万元的专项助学奖学金。另一方面，汇聚成电青年正能量，该校先后组织了 20 余支累计 260 余人的"精准扶贫"实践队，以"立智、立志"为主线，开展暑期支教和帮扶等活动，实践活动被《人民日报》《中国日报》及中国青年网等中央级媒体报道十余次，不断扩大合力教育扶贫局面。

图 3 - 4　贵州省岑巩县"蓉之风华"文化公益行活动

2. "电子信息 + 医疗"联通互利

党中央、国务院高度重视"互联网 + 医疗健康"工作。习

---

① 《打造"电子信息 + 教育"扶贫新模式　深入推进"1234"基础教育强基工程》。

近平总书记指出，要推进"互联网＋医疗"，让百姓少跑腿、数据多跑路，不断提升公共服务均等化、普惠化、便捷化水平。为贯彻落实党中央、国务院精神，岑巩县多措并举助推"互联网＋医疗健康"，扎实推进"智慧医疗"建设，用"智慧"化解"看病难"与"就医繁"。

一是建立医疗资源共享平台，助推远程医疗服务全覆盖。岑巩县全面推进远程医疗专网建设，开展远程医疗服务。2018年至2019年3月，岑巩县人民医院与中南大学湘雅医院、杭州市第三人民医院、贵州省人民医院、贵州医科大学附属医院等上级医院开展远程会诊200余例。同时，岑巩县积极推广"基层检查、上级诊断"模式，拓展基层卫生信息系统中医学影像、远程心电等功能。2018年至2019年3月，岑巩县人民医院与各乡镇医院会诊共计230余例，开展远程心电诊断1046例、远程影像诊断2933例。让更优质的诊疗力量向基层渗透，让群众在家门口就能享受优质医疗服务。[1]

二是优化就诊流程，建立临床诊疗一体化工作站。电子科技大学积极联系校友企业成电医星有限公司，投入1000万元全面实施乡镇卫生院规范化数字预防接种门诊建设、远程医疗建设，医药监管平台建设，县级公立医院接入省级预约挂号统一平台和区域人口健康信息平台建设。2017年12月，岑巩县人民医院在原有电子病历的基础上引进了成都成电医星数字健康软件，为患者提供更为全面、专业、个性化的医疗体验。此外，通过改善临床电子病历数据和临床文档数据存储等方面，临床医师可随时查询患者就诊历史，形成完整的健康档案和就诊信息，患者可通过互联网、电话享受预约服务，减少现场排队挂

---

① 《岑巩县多措并举助推"互联网＋医疗健康"》，2019年5月6日，岑巩县政府办公室网，http：//www.guizhou.gov.cn/xwdt/dt_22/df/qdn/201905/t20190506_2475692.html。

号等候时间，不用多跑路，大大节省了时间和精力，并可以在线完成包括候诊、缴费、报告查阅等多个环节，实现诊疗电子化。

三是创新服务理念，推出便民惠民举措。一方面，岑巩县在县人民医院等医疗机构开通自助打片机等便民功能，患者完成 X 线、DR、CT、MR 等影像检查后可随时自助取片。另一方面，为便于医患交流，岑巩县医院各科室创建医患交流群，患者及家属只需在群内提出问题，就能够得到医生的解答。这种即时性的交流渠道的搭建，有效地减轻患者就诊负担，也便于院方为患者提供健康咨询、离院后随访、检查提醒等服务，有效提高医患双方的诊疗效率。此外，岑巩县医院还针对老百姓实际需求，为患者提供在线常见病、慢性病处方，逐步实现患者在家复诊，使居民慢性病、老年性疾病可以在家护理、在家康复，极大提升了老百姓的医疗服务获得感。

四是逐步促进信息互联互通，减少群众异地就医后顾之忧。2007 年起，岑巩县与黔东南州人民医院和贵州医科大第二附属医院开通协议，对岑巩县的参合患者均采取现场直补的形式进行结算，到 2016 年，岑巩县实现与全州 16 个县市定点医院住院信息的互联互通和即时结算，同时，根据县内患者就医习惯，岑巩县积极与湖南省怀化市第一人民医院、湖南省新晃县人民医院、湖南省新晃县中医院签订直补服务协议，对岑巩县患者就医住院费用实行了现场即时结报。2018 年至 2019 年 3 月，岑巩县办理县外异地结算近 7000 人次，医疗费用总金额 8000 余万元；基本医疗补偿近 5000 万元；通过系统平台转诊近 6000 人。①

---

① 《岑巩县多措并举助推"互联网＋医疗健康"》，2019 年 5 月 6 日，岑巩县政府办公室网，http：//www. guizhou. gov. cn/xwdt/dt_ 22/df/qdn/201905/t20190506_ 2475692. html。

3. "电子信息 + 电商" 联动提效

本着"紧扣扶贫攻坚，支持实体经济，畅销本地产品，培育网货品牌"的原则，为了充分发挥电子商务优势，创新扶贫模式，拓宽扶贫渠道，充分发挥农村电子商务在精准扶贫、精准脱贫工作中的积极作用，为脱贫攻坚注入新动能，岑巩县付出诸多实践行动。

近年来，岑巩县大力发展农村电商，推进农村电商服务站点建设，拓宽销售渠道。该县全面落实电子商务进农村综合示范项目产业脱贫攻坚计划，加快实施农村电子商务服务中心和电子商务服务站点建设项目，以县电子商务公共服务中心为技术枢纽，覆盖建设 48 个电子商务服务站点（其中 50% 的贫困村服务站点全部建成并投入使用）。[1] 并使其具备代销代购、快递物流、缴费支付等便民服务功能。充分整合电商、物流、金融、供销、邮政、快递等各类社会资源，构建工业品下乡和农产品进城双向流通体系，为村民提供在线购物、销售、缴费、出行、教育、创业等服务，有效方便群众（特别是贫困户）送货进城。2016 年，电子科技大学协助该县成功引进京东入驻电商产业园；2018 年，该校组织专家协助岑巩县成功申报国家级电子商务进农村综合示范县，截至目前，共获得国家 2000 万元资金支持；并且在杭州建德市东西部协作扶贫与学校定点扶贫的合力推动下，国内农产品电商龙头企业——安厨电子商务有限公司成功签约入驻岑巩。目前，全县建成县级电商产业园 1 个，乡镇电商服务站 11 个，村级农村电商服务点 63 个，至今已通过产销对接订单销售农产品近 1200 吨，实

---

① 《岑巩县电商扶贫规划方案》，2019 年 11 月 27 日，岑巩县人民政府网，http：//www. qdncg. gov. cn/ztzl/dzswjnczhsfxgzzl/xxgk _ 87987/201912/ t20191227_37780928. html。

现销售产值近 2000 万元。①

　　同时，岑巩县建档立卡贫困户电商培训，全力推进建档立卡贫困户电商培训工作，以精准扶贫为目标，针对全县贫困村的建档立卡贫困户、电商创业脱贫带头人、农村青年致富带头人、村级信息员和残疾人专职委员等开展电商培训（见图 3-5、图 3-6），在以电子商务进农村综合示范项目培训 800 人次的基础上，加大对贫困户的技术性培训，着力于本县产业特点，集中对果蔬种植、家禽养殖、电商营销、务工技能等方面能力进行培养，实现每个贫困村至少有 1—2 名电商人才，并把服务站点打造成综合型服务站点，逐步形成一支懂信息技术、会电商经营、能带动脱贫的本土电商扶贫队伍。

4. "电子信息 + 农业"合作共赢

电子科技大学与岑巩县共同大力推动"智慧城乡"建设，

图 3-5　贵州省岑巩县电商人才培训会

---

① 《岑巩县电商扶贫规划方案》，2019 年 11 月 27 日，人民网，http://gz.people.com.cn/n2/2020/0229/c383899-33839163.html。

图 3-6　贵州省岑巩县 2018 年残疾人电子商务平台上线仪式暨运营培训班

用"电子信息＋"发展金山银山、守护青山绿水。在塔山发展"智慧农业"，利用科学技术升级种养殖业，就是"智慧城乡"建设的一个重要体现。

2017 年，电子科技大学驻塔山村干部推动塔山村和周边 7 个贫困村创新组织方式，成立联合党委，流转土地，同时以专项扶贫资金入股，每村出资 50 万元，加上产业能人投资的 100 万元，共同组建了年出栏 1 万头猪的"贵州思府农牧有限公司"。在此基础上，该干部积极对接电子科技大学，先后投入资金近 100 万元，用于建设"智慧养猪"项目的智慧化管理系统和硬件设备，使管理一个年出栏生猪 10000 头的养殖场的人数缩小至 6 人，电子技术的运用有助于减少人力的耗费，并提高管理的精确性。在分配机制上，"智慧养猪"项目充分兼顾了公司、合作社、贫困户三方的利益。① 2018 年，此项目作为岑巩

---

① 《党建引领聚人心　"智慧"扶贫奔小康》。

县典型项目申报贵州省大数据产业融合示范项目。

现今，"智慧养猪"不仅带动了养殖产业，也通过对猪饲料的需求带动了相关的农业种植业。蔬菜、药材、烤烟种植等其他产业，也在生产、推介、销售等各个环节，不断地与电子信息技术融合起来，给塔山村群众带来诸多福祉。

（四）实施"智慧举措"建设岑巩

电子科技大学在提出智慧城乡理念的同时，为贵州省岑巩县量身定制多个智慧应用单体示范项目，用科技路径引领产业转型和发展，让"智慧"保护青山绿水，让"智慧"挖出金山银山，坚定岑巩县广大干部群众发展信心。具体通过智囊团帮扶、人才支撑、产业助推、资本运作、软硬件提升、传播塑品六个方面，探索"欠发达地区智慧城乡"建设新路，打造易实践、可复制、能推广的岑巩样板。

1. 实施智慧城乡智囊团帮扶行动
（1）组建"定点帮扶岑巩专家智囊团"

电子科技大学组建了"定点帮扶岑巩专家智囊团"，见图3-7，为县域经济发展规划和重大决策等提供智力支持。智囊团成员包括长江学者、世界电子政府组织评判专家成员、教育部教育信息化专家组成员、全国优秀 MPA 教师、四川省学术与技术带头人、四川省政府"智囊团"专家组成员、校"百人计划"入选者等40人。

（2）针对性提供专项咨询服务

结合岑巩县扶贫工作实际，电子科技大学组织20名教授成立"岑巩县电子科技大学扶贫同心专家智囊团"，针对性地赴各乡镇、各部门开展调研、座谈、论证共计近百次，提供决策咨询服

图3-7 授予贵州省岑巩县—电子科技大学"专家智囊团"成员聘书

务十余次，为地方发展规划和决策建言献策。① 同时，该校还选派优秀博士、优秀辅导员十余名到岑巩县政府和企事业单位担任顾问，赴一线直接参与脱贫攻坚，开展智力咨询帮扶活动。

电子科技大学坚持把"动员统战力量，强化智力帮扶"作为深化定点帮扶的重要内容，充分依托自身优势，全面组织和动员1500余名党外知识分子和各民主党派人士积极投身到脱贫攻坚中来，并发挥"智囊团"作用，在开展支医、支教、支农等方面给予智力支持，为岑巩县全面打赢脱贫攻坚战贡献智慧和力量。

2018年7月，电子科技大学定点帮扶工作组中四名民主党派资深教授被岑巩县人民政府聘请为岑巩县扶贫同心专家，为

① 《智慧岑巩 脱贫奔小康——电子科技大学精准扶贫精准脱贫典型项目汇报》。

岑巩县脱贫攻坚工作增添智慧力量。四位专家均系电子科技大学通信网络和生物技术等领域资深专家，也分别是民盟、民进、九三学社等民主党派人士，在知识储备信息和人脉等方面具有独特的优势和经验，有助于为岑巩县脱贫攻坚、智慧城乡建设和县域经济发展积极建言献策，并提供专项咨询服务，以及开展专业培训讲座，从而加强校地之间的智力帮扶。

2. 实施智慧城乡人才支撑行动

（1）开设岑巩中青年干部信息化素养和信息化工作能力集中培训班

领导干部作为党的事业的主力军，肩负的责任重大。自 2013 年起，电子科技大学充分发挥高校智力、人才、教育、专业和校友资源等优势，以分期形式开设贵州省岑巩县领导干部专题培训班，学员主要以科级以上干部为主、后备干部为辅，师资配置优良，在助推岑巩县发展过程中发挥了应有的作用。培训涉及党的系列精神学习、产业结构调整和发展、现代农业以及大数据等多方面内容，理论与实践结合度高，聚焦和贴近大家的工作实际，旨在切实丰富领导干部的头脑，为推进岑巩县经济社会发展贡献自身聪明才智，并拓宽领导干部的理论和实践视野，持续促进工作水平提升，不断为开创岑巩县工作新局面贡献力量。

2016—2018 年，该校在聚焦电子商务、大数据、农文旅、新型城镇化建设等方面，投入近 50 万元，举办岑巩县科级干部及后备干部集中培训班 5 期，培训 254 人；举办中小学校长集中培训班 1 期，培训 30 人；举办教育系统骨干人员的"计算机网络专题培训"1 期，培训 35 人；开展"思州大讲堂"专题讲座 3 次，有效增强了岑巩县中青年干部信息化素养和信息化工作能力。[1]

---

[1] 《智慧岑巩　脱贫奔小康——电子科技大学精准扶贫精准脱贫典型项目汇报》。

（2）着力培养专业化青年干部及信息化专业人才

当今社会已进入信息时代，计算机能力及相关技术的运用已成为社会进步和社会发展不可或缺的元素。电子科技大学借助在电子信息领域的专业优势和行业特色型大学的学科背景，定点帮扶岑巩县干部队伍计算机能力提升。

2015 年，贵州省岑巩县选派教育系统骨干，在电子科技大学接受了为期四天的计算机网络专题培训，旨在提高自身业务技能和综合素质，将学到的前沿知识有效运用到地方建设中。根据贵州岑巩县实际情况，此次培训围绕"互联网教育理念及网络教育资源平台使用""计算机网络知识及应用"等方面开展四次专题讲座和两次参观交流，既开阔学员们在互联网大背景下的教育信息化视野，同时也面向实际应用层面，普及计算机网络操作和应用层面技术。该培训采用课堂讲授和上机实践相结合的方式，注重实效，帮助中小学教师了解计算机网络和网络教育，为岑巩县教育信息化建设打下基础。

除短期干部培训外，为了进一步加强岑巩县年轻干部的培养力度，提高干部队伍的综合素质，岑巩县于 2017 年选派大规模干部参与电子科技大学开设的为期三个月的贵州省岑巩县青年干部计算机能力提升专题培训班。该校不仅安排了计算机学院知名专家教授系统讲授计算机网络基础、信息安全导论、计算机网络配置及管理、网页设计与制作等课程，还通过现场教学、专家讲座、实践操作、互动交流等灵活多样的教学形式，帮助学员们夯实计算机基础、掌握相关实用技术、了解前沿知识，提升综合素质，助力岑巩县干部培养培训工作，为智慧城乡建设运行及后续发展提供人才保障。

在人才长期培养方面，电子科技大学 2017 年接收 17 名岑巩籍建档立卡贫困家庭学生，开展为期 2—5 年的计算机专业大专学历培养。该批学生的学费与生活费通过学校减免、企业赞助、县政府补贴等形式实现了零负担。经学校争取，校友企业贵州联科卫信科技公司为这批学生设立了10万元的奖学金。

（3）引进高水平高层次优秀人才

人才是现代社会竞争与发展的重要生产力，国家发展靠人才，民族振兴靠人才。人才是兴国之本、富民之基、发展之源，是一个国家、一个民族、一个地区最富价值、最具潜力、最可持续的战略资源。岑巩县高度重视人才培养和"招才引凤"工作，强化"待遇留人、情感留人、环境留人、事业留人"制度保障。

2013年，岑巩县出台了《岑巩县急需紧缺人才管理办法》，开始面向全国"211"以上大学招聘教师。6年来，该县成功高薪聘请高中校长1名，人才引进教师72名，以及公开招聘补充教师511名，其师资队伍建设已在全州处于领先水平。[①] 目前，该县引进的相关人才已完全融入县域发展工作，成为全县教育发展的主力军和生力军，其教育正在以强健的步伐向新时代教育现代化迈进。

截至2019年，电子科技大学积极发挥高校教育资源优势，协助岑巩县政府在全国知名高校选聘毕业生，累计引进81名优秀学子。

3. 实施智慧城乡产业助推行动

为推进岑巩县产业发展，电子科技大学积极搭建教育系统消费采购扶贫平台"e帮扶"，采用最新互联网技术手段，集合最新电商模式，打造采买更高效、消费形式更多样的教育系统消费扶贫采购平台。该平台基于距离、价格等多种标准，将教育系统各单位的采购需求和定点扶贫地方的供给能力进行匹配推荐，在推动扶贫地区产品采购工作的同时，也为各高校教职员工及师生提供品质优良、价廉物美的生活用品，提高广大师生的参与感、幸福感。

---

① 《扎实推进教育扶贫"三落实"　奋力谱写岑巩教育新篇章》。

电子科技大学于 2019 年 10 月 17 日当天，即我国第 6 个扶贫日，也是第 27 个国际消除贫困日，举行扶贫日爱心公益跑活动，沿途展示了以岑巩县为代表的农特产品，发动广大师生关注扶贫，参与扶贫，"以购代捐"，助力脱贫。2018 年 11 月，电子科技大学与岑巩县签署了 240 余万元农特产品的采购合同，并标明学校将继续依托高校教育资源优势，聚焦岑巩经济社会的全面可持续发展需求，激发发展的内生动力，在人才培养、科学研究、社会服务、文化传承与创新等方面，加大智力支持和技术指导，持续推进岑巩县农特产品销售等帮扶工作，切实为助推岑巩早日整县"脱贫摘帽"贡献智慧和力量。[1]

4. 实施"智慧城乡"资本运作行动

（1）积极落实巨额投资项目入库

2017 年 9 月，岑巩"智慧城乡"一期工程包中各子项目全部通过发改部门立项审批，总投资规模高达 18.89 亿元，PPP 模式的"两报告一方案"也于 2017 年 10 月获有关部门批复，并顺利申报纳入财政部的 PPP 项目库。[2]

（2）以 PPP 模式为抓手，招标社会投资人采购

自 2017 年以来，岑巩县立足县情、实事求是，科学谋划项目，密切关注国家资金投向和投融资政策，积极探索 PPP 项目，全程参与全县各 PPP 项目的项目策划、交易谈判、政策指导等工作，全力破解资金制约，打通新融资渠道。现已引入广州慧峰集团通过 PPP 模式参与黔东南大峡谷等项目开发，与上海飞乐音响签订智慧城市建设 PPP 框架合作协议，为加快黔东南大

---

① 《校领导赴岑巩县推进定点扶贫工作》，2018 年 11 月 30 日，电子科技大学新闻中心网，https：//news. uestc. edu. cn/？ n = UestcNews. Front. Document. ArticlePage&Id = 67935。

② 《智慧岑巩　脱贫奔小康——电子科技大学精准扶贫精准脱贫典型项目汇报》。

峡谷建设提供了保障。黔东南大峡谷 PPP 项目总投资 23 亿元，采用纯使用者付费模式，不增加政府债务负担，整体交易结构较为规范、科学、公平、公正，得到省财政厅的高度认可，已被省财政厅推荐拟申报为全国 PPP 示范项目；同时推进"智慧岑巩"建设，属于典型的大数据项目，建设内容涵盖智慧教育、智慧医疗、智慧政务、智慧停车场、智慧照明以及智慧旅游等 8 个子项目，总投资 20 亿元。[①]

通过探索 PPP 项目融资渠道，既解决了不增加政府债务的"短板"，又加快景区建设，有力助推旅游产业"井喷"增长。目前，岑巩县智慧城乡一期工程包各子项目相继开工建设，顺利实现固定资产投资资本运作倍增目标。

5. 实施智慧城乡软硬件提升行动

（1）开发高质量软件系统

电子科技大学投入 200 万元研发"精准扶贫作战信息指挥系统"，已于 2017 年 7 月起交付地方使用。该系统已形成融扶贫综合门户、贫困对象平台、作战指挥系统、资源调配平台、工作绩效评估五个方面 16 个子系统的云架构体系。以移动终端为载体，该系统实现了贫困人口识别可量化、贫困深浅可视化、帮扶对策可优化。

（2）加强信息化发展，完善基础设施建设

电子科技大学出资 20 万元加强岑巩中小学校信息化建设，帮助建设学生创新工作室，打造机器人竞赛亮点。同时，投入 10 万元资金，捐赠电脑 44 台、图书 10 万余册，建成塔山村留守儿童亲情聊天室及农民信息化培训室。在电子科技大学的

---

① 《岑巩县积极探索 PPP 项目打通新融资渠道》，2017 年 12 月 20 日，岑巩县政府办公室网，http：//www. guizhou. gov. cn/xwdt/dt_ 22/df/qdn/201712/t20171220_ 1086300. html。

推动下，目前，岑巩县域所有学校信息化设施达到国家验收标准，在贵州省黔东南州率先实现校校有电脑教室，中小学全面实现"班班通"。

6. 实施智慧城乡传播塑品行动

（1）着力建设"两微一端"传播平台

电子科技大学发挥学校专家优势，与岑巩县委、县政府合力借助微信、微博等各种新媒体平台，建设"今日岑巩""岑巩组工""魅力塔山"等传播平台，大力宣传推广岑巩县风土民情、特色农产品、优质旅游资源，扩大岑巩县在省内外的知名度。其中，"今日岑巩"微信公众号自开通以来，点击率超过1000万次。

（2）积极营造脱贫攻坚战斗氛围

电子科技大学充分运用传统媒体和互联网媒体平台，广泛动员师生、校友、企业等力量参与，为岑巩县精准扶贫工作和脱贫攻坚事业营造良好的社会氛围和舆论环境。近年来，新华网、人民网及《贵州日报》、贵州电视台、《黔东南日报》等央地媒体报道岑巩县脱贫攻坚的成绩近100次。[①]

另外，校地合作建立大学生社会实践基地和辅导员挂职锻炼实践基地，累计选派百余名优秀大学生为当地教育教学以及周边地区发展提供持久、精准帮扶。2017年，电子科技大学物理学院精准扶贫专项实践队获团中央表彰；2018年7月，学校继续选派70余名大学生赴县乡相关单位学习实践，与当地干部群众一道脱贫攻坚；2019年，学校先后组织教职工、学生群体开展思州柚、岑巩鲜桃营销推广，助力当地农特产进城，彰显出校地脱贫攻坚精神愈发深厚有力。[②]

[①] 《智慧岑巩　脱贫奔小康——电子科技大学精准扶贫精准脱贫典型项目汇报》。

[②] 同上。

四 贵州省岑巩县"电子信息 + 智慧城乡建设"脱贫成效

贵州是全国脱贫攻坚主战场，习近平总书记特别牵挂、特别关心，多次对按时高质量打赢脱贫攻坚战做出重要指示批示。贵州省岑巩县作为国家扶贫开发工作重点县，始终牢记嘱托、感恩奋进，坚持把脱贫攻坚作为头等大事和第一民生工程，认真贯彻落实习近平总书记关于扶贫开发重要论述和中央、省、州脱贫攻坚各项决策部署，坚持以脱贫攻坚统揽经济社会发展全局，聚焦脱贫攻坚"三落实"，全力推进"四场硬仗""五个一批""六个精准"，持续发起"春季攻势""夏秋决战""五个专项治理"等专项行动，脱贫攻坚和经济社会发展取得明显成效。自 2013 年开始，电子科技大学启动了定点帮扶贵州省岑巩县工作，贵州省岑巩县在智慧帮扶的模式下取得了显著成就，贫困发生率由 31.1% 降至 1.03%。截至 2019 年岑巩县实现地区生产总值完成 53.9 亿元，比 2014 年增加 21.9 亿元，农民人均可支配收入达 10259 元，比 2014 年增加 4115 元。2014 年以来，全县共识别建档立卡贫困户 16492 户 64433 人，经过不懈奋斗，现已累计脱贫 15486 户 62296 人，68 个贫困村（含 8 个深度贫困村）全部出列，未脱贫 1006 户 2137 人，综合贫困发生率由 2014 年以来的 31.1% 下降至 1.03%，其中 2019 年减少贫困人口 2739 户 8210 人、出列贫困村 26 个（完成了贵州省下达的减少贫困人口 6900 人、出列

18 个贫困村的年度目标)。① 2020 年 3 月 3 日，贵州省人民政府宣布同意岑巩县退出贫困县序列，岑巩县正式脱贫摘帽。

（一）"智慧党建"成效

1. 坚持层层负责、人人尽责，坚决扛起脱贫攻坚政治责任

（1）夯实脱贫攻坚指挥体系

成立以县委书记、县长任"双组长"的县扶贫开发工作领导小组，2016 年以来，累计召开县委常委会、县政府常务会、专题会议等研究脱贫攻坚工作 150 次，召开县扶贫开发领导小组会议 40 次，研究出台了《关于向"整县摘帽"发起总攻坚决夺取脱贫攻坚战全面胜利的决定》等一系列脱贫攻坚政策措施。同时，成立了由县委、县政府主要领导担任指挥长的县级脱贫攻坚总指挥部，下设 19 个脱贫攻坚工作专班、11 个乡镇脱贫攻坚指挥部、128 个村级一线工作队，县脱贫攻坚总指挥部"双指挥长"实行"一周双调度"，各工作专班和乡镇实行一周一调度，村级一线工作队实行一天一研判。

（2）压实脱贫攻坚包保责任

实行党政主要领导对全县脱贫攻坚负总责，县委、县政府主要负责同志每月至少有 5 个工作日用于开展扶贫工作，对全县所有村进行了调研走访、对 68 个贫困村多次进行实地调研。实行县委常委、党员副县长包保乡镇、县级领导干部包保联系村，县四大班子领导成员下沉到乡镇担任指挥长、副指挥长，并抽派 11 名副县级领导干部吃住在乡镇蹲点领衔。实行县直部门、乡镇班子成员包保联系村，县直部门主要负责人、乡镇班子成员吃住在村担任村级一线工作队队长或副队长。实行村组干部、一线网格员包保网格，累计选派 1773 名干部吃住在村担

---

① 《2019 年岑巩县政府工作报告》。

任网格员。实行结对帮扶干部包保帮扶对象，除医务人员和教师外，全县 2472 名在册在编干部均有结对帮扶任务，实现了贫困人口帮扶全覆盖。①

（3）做实脱贫攻坚督战问效

把全县 11 个乡镇划分为 4 个片区，由县人大常委会主任、县政协主席、县委副书记、县纪委书记分片负责进行督战督导。从县纪委、县监委等部门抽派 46 名干部组建 11 个乡镇战区督导组，常驻乡镇常态化开展业务督导、作风督查。

2. 坚持统筹兼顾、统筹推进，全面强化脱贫攻坚服务保障

（1）强化资金保障

加大脱贫攻坚资金投入，2014 年以来，岑巩县累计投入资金 39.2 亿元用于脱贫攻坚。建立完善《岑巩县脱贫攻坚项目库》，目前 2018—2020 年入库项目 1122 个，总资金 23.9 亿元。深入推进金融扶贫，累计发放扶贫小额信贷资金 5.6 亿元。

（2）强化组织保障

实施 84 个村级活动场所规范化建设，将村级运转经费由 2.5 万元提高到 4.5 万元，村干部工资从 2014 年的 1500 元提高到 2800 元。各村配备了村级小食堂、小宿舍、小澡堂等设施，下派干部全部吃住在村、真蹲实驻。发挥考核"指挥棒"作用，将扶贫工作实绩作为干部评先评优、职级晋升、提拔任用的重要依据。2014 年以来，在脱贫攻坚一线共提拔干部 151 人。

（3）强化舆论保障

以火坑会、院坝会等形式，讲党的政策、讲脱贫攻坚故事，今年累计开展党的理论政策、感恩励志教育宣讲 8584 场次，受教育群众达 29.9 万人次。获得了全国农村青年致富带头人、全省脱贫攻坚优秀共产党员、全州脱贫攻坚"十佳第一书记"等

---

① 《2019 年岑巩县政府工作报告》。

国家、省、州表彰 100 余个。

（4）强化法治保障

加强农村法治宣传和乡风文明整治，依法打击耍赖争当贫困户、欺骗帮扶干部、谎报脱贫成效等 12 个方面的违法行为，2014 年以来，共打击处理扶贫领域违法犯罪行为 67 起，行政拘留 45 人，营造了脱贫攻坚良好法治环境。①

（二）"校地合作"成效

1. 坚持消费扶贫、稳定增收，全力谱写脱贫攻坚创收乐曲

自 2013 年定点扶贫贵州岑巩县以来，电子科技大学高度重视消费扶贫工作，坚持消费扶贫赋能脱贫攻坚的理念，结合岑巩县脱贫攻坚实际和电子科技大学资源优势，协调推进消费扶贫纵深实施，并且校地双方明确了以"短期促进贫困人口增收，长期促进产业持续发展"为核心的工作目标，坚持市场运作、地方政府引导、学校推动、社会参与的模式，共同推动贫困地区产品和旅游服务融入消费大市场，助力打赢脱贫攻坚战，衔接乡村振兴战略。

（1）大力实施供给侧"拓源计划"

①以"电子信息＋"升级种养殖业，增强消费扶贫底气。学校投入 10 万元立项研发的数字资源分析大数据平台，有力推进了岑巩县国土资源的科学规划，升级了农特产品产业"规划源"；投入近百万元实施"智慧养猪""智慧果园"等项目（图 4－1），覆盖 9 村，带动了 200 余户实现脱贫，"智慧养猪"获贵州省生态农业循环项目 100 万元支持，并被中央电视台、《人民日报》等中央媒体广泛报道，丰富了农特产品"品牌源"；投入 300 万元建设中的"天空地一体化"水稻农情精

---

① 《2019 年岑巩县政府工作报告》。

准监测与分析大数据平台，为水稻长势精准监测、药肥精准施用提供有力保障，进一步做强"思州贡米"等现有品牌"特色源"。①

图4-1　贵州省岑巩县大有镇腊恰畈村"智慧果园"

②以人才优势促进农特产品标准化生产，使足消费扶贫力气。岑巩县具有"三品一标"（即无公害农产品、绿色食品、有机农产品和农产品地理标志）认证资质的农特产品种类较为单一。为推进农特产品"三品一标"认证工作开展，进一步丰富农特产品品种，学校邀请了教育部新世纪优秀人才计划入选者、中国测绘学会矿山测量专业委员会委员等专家学者赴岑巩县规模化产蛋鸡场、思州柚产业基地、杂交水稻制种基地等进行实地调研，用高校人才优势不断指导和推进农特产品标准化生产。

③以培训提高从业人员水平，提振消费扶贫士气。结合岑巩县产业发展需求，学校就政策、营销、服务、管理等方面开展培训指导，推动岑巩县资源优势逐步转变为产业优势，累计

①　《彰显"电子信息＋"共谱"消费扶贫曲"——电子科技大学消费扶贫典型案例》。

为岑巩县培训电商从业、乡村旅游、桑蚕养殖等技术人员 788 人，不断提升了贫困地区优质消费品的生产供应和服务保障能力。①

（2）深化实施需求侧"拓展计划"

①积极发挥高校食堂需求优势，开展订单式采购。根据学校食堂需求量大且较为稳定的特点，与岑巩县建立长期的农特产品供销关系，2019 年采用订单式采购方式完成大米购买 310.33 万元，后续将根据季节性生产实际，继续采购思州柚等农特产品，通过订单式采购让贫困群众吃下"定心丸"，实现持续增收、稳定脱贫。

②深化"以购代捐"帮扶模式，开展联合式采购。校工会与后勤保障部在学生餐厅和宿舍门口，相继开展"品一份思州柚，助一份扶贫力""定向采购岑巩县新年大礼包"等活动，采用联合式"以购代捐"采购行动助力岑巩县经济发展，既极大地提升了师生在脱贫攻坚过程中的参与感和责任感，又不断增强贫困群众的获得感和幸福感；结合距离近等地缘优势，积极动员电子科技大学中山学院采购了大米、鸡蛋等农特产品 110 万元，积极推进并完成了帮助销售 647 万元的任务目标。

③探索特色化旅游发展路子，开展多元化消费。学校组织开展对非物质文化遗产的调查、研究工作，鼓励思州古砚、古法造纸、金钱棍等非遗项目传承人开展传承和展示活动，把文化保护传承与旅游产业开发相结合，不断提升社会经济效益；引入校友企业为岑巩县提供旅游线路设计、产品开发、品牌宣传等指导，着力推动了岑巩县乡村旅游快速发展；将岑巩县作为校内二级教授、优秀典型人物、新进教职工的实践和培训基地，极大丰富了旅游式消费扶贫模式。

---

① 《智慧岑巩　脱贫奔小康——电子科技大学精准扶贫精准脱贫典型项目汇报》。

(3) 推进实施消费平台"拓宽计划"

①拓展销售途径，多渠道推介、展示、销售特色农特产品。在学校宾馆、校园超市和食堂等设置展销专柜，不断拓展特色农特产品销售渠道；邀请岑巩县相关企业代表参加 2019 年贵州校友会和科技园组织的产业大招商活动，集中推介、展示、销售特色农特产品；引入校友企业成都韩希科技有限公司和泸州肥儿粉股份有限公司帮扶岑巩县，并达成农特产品采购 1000 万元的意向性协议。①

②引入电商平台，构建市场引导供给的良性消费帮扶机制。充分发挥学校在电子信息领域的综合优势，着力打造"欠发达地区智慧城乡建设示范县"，2018 年助力岑巩获批国家级电商示范县，已获 2000 万元支持，扩大了电子商务进农村工作的覆盖面；同时，坚持"消费扶贫引导产业发展、多方合作开启奔康之路"的工作理念，积极发挥校友资源优势，筹建高校消费扶贫平台，为高校定点帮扶县贫困地区农特产品搭建集在线展示、网上交易、物流跟踪、在线支付等为一体的共建共享消费扶贫电商平台，不断建立和完善市场引导供给的良性消费帮扶机制。目前，该平台已完成前期论证，并于 2019 年 9 月面向教育部直属 70 所高校进行了研讨和集中推介。

③助力宣传推广，合力打造区域性特色消费产品品牌。利用学校扶贫网、微信平台"魅力塔山"等媒体平台以及高校消费扶贫平台，为贫困地区绿色食品、有机食品的销售开辟绿色通道，实现从"单打独斗"推广"思州"农特产品品牌到高校间"组团式"打造高校各定点帮扶县特有品牌的拓展，让更多贫困地区贫困户尝到"品质化"与"品牌化"的甜头。

---

①　电子科技大学：《彰显"电子信息＋"共谱"消费扶贫曲"——电子科技大学消费扶贫典型案例》，《中国经贸导刊》2019 年第 21 期。

2. 坚持两地携手、双向发力，全面深化脱贫攻坚东西协作

建德、岑巩两地党委政府高度重视，2019 年召开 9 次县委常委会议和县政府常务（专题）会议、10 次县扶贫开发领导小组会议、专班专题会议研究东西部扶贫协作工作，与建德市开展互访调研 5 次，召开高层联席会、座谈会 5 次，旨在从人才、项目、产业、劳务、联建方面共同推动减贫。①

（1）加强人才帮扶促动

2019 年两地互派 172 名干部和专技人才挂职交流学习，选派 56 名建档立卡贫困学生到建德市职校委培就读，开展党政干部、专业技术人才和致富带头人培训 14 期 1099 人，援岑干部荣获省、州、县脱贫攻坚优秀共产党员、先进个人、先进典型等荣誉 15 人次。

（2）加强项目帮扶拉动

2016 年以来共申请东西部扶贫协作项目 53 个、资金 8800 万元，其中 2019 年实施帮扶项目 18 个、资金 5210 万元，覆盖贫困人口 7324 人。

（3）加强产业合作带动

积极鼓励和引导浙江籍企业到岑巩县投资，两地携手共建产业园区 1 个，建成特色农产品基地 6 个，完成农特产品销售额 2582.5 万元，带动贫困户 1103 人。2019 年浙江籍 7 家企业新增投资额 2.6 亿元，带动贫困户 3306 人。搭建扶贫车间带动建档立卡贫困人口就近就业。

（4）加强劳务协作驱动

通过利用东西部扶贫协作项目资金开发公益性岗位、依托浙江籍企业带动就业等方式，帮助贫困人口实现就近就业 1680 人。开展技能培训班 8 期，培训带动贫困劳动力就业 194 人；建

---

① 《2019 年岑巩县政府工作报告》。

立劳务输出基地 10 个，通过集中输出贫困劳动力就业 389 人。

（5）强化携手共建联动

采取"一对一""多对一"等方式，建德市 16 个乡镇（街道）、54 个村（社区）、11 家企业、2 个社会组织、45 所学校、21 家医院与岑巩县各乡镇、贫困村、深度贫困村、中小学幼儿园、医院建立帮扶对子 159 对。8 个县直部门与建德市对口部门签订帮扶协议，2019 年建德市共筹集部门、乡镇、国企及社会帮扶资金 1485.4 万元。

（三）"电子信息 +"成效

1. 坚持靶向出击、精准出招，竭力打好脱贫攻坚"四场硬仗"

岑巩县针对不同致贫原因分类施策，实施产业扶贫、基建扶贫、搬迁扶贫、教育扶贫等措施，从多角度、多层面对扶贫对象、扶贫措施进行分析，用"数据"说话，用"数据"管理，用"数据"创新，通过数据比对分析，为各级领导提供科学的决策依据，把扶贫工作做到"精准"二字，真正扶到点上、扶到根上，从"输血式捐助"转变为"造血式帮扶"，形成规模效应，给全县经济下一步发展注入新的活力。

（1）全力打好产业就业扶贫硬仗

以全县 51 个 200 亩以上坝区和重要林区为突破口，纵深推进农村产业革命，大力调减传统低效农作物，加快发展特色高效农业产业（图 4-2），2019 年全县共有杂稻制种面积 3 万亩、优质烤烟 1.7 万亩、精品水果 8.3 万亩、投产茶园 3 万亩、牧草 2 万亩、食用菌 630 万棒，林下中药材 0.4 万亩、林下养蜂 0.4 万箱，全年出栏生猪 9.8 万头、牛 0.9 万头、羊 3.8 万只、家禽 118.4 万羽，正在加快推进 20 万头生猪、40 万只湖羊、100 万羽林下养鸡、1000 万棒林下食用菌、1 万亩林下黄精、1 万箱林下养蜂等项目建设。为全县建档立卡贫困人口开发公益性岗位2499 个，落实就业援助补贴1450 人，累计开展贫困人口技能培训11558 人次，每年平均实现贫困家庭劳动力转移就业17400人。岑巩县经济开发区可提供就业岗位6000 余个，目前解决就业4700 人，其中贫困人口1200 人，全县所有贫困人口实现产业就业全覆盖。①

图4 – 2　贵州省岑巩县高山云雾茶采摘情景

（2）全力打好基础设施建设硬仗

全面建成农村"组组通"公路716 公里，全县30 户以上村民小组100% 通硬化路，实现农村公路"组组通"。建成228 个农村饮水安全提质改造项目，建立了后期管护长效机制，全县农村饮水安全水量、水质、方便程度、供水保证率均达到标准，实现安全饮水"户户有"。实施了3.3 万户"广电云"户户用工程建设，全县30 户以上自然村寨通信网络全覆盖；通过实施"小康电"项目建设和农村电网改造工程，农村用电得到全面保障，实现电力通信"处处联"。全面开展农村环境卫生综合治

---

① 《2019 年岑巩县政府工作报告》。

理，改造农村户用厕所 7447 个，实施串户路 894 条 472 公里，新安装太阳能路灯 1.2 万盏，实现人居环境"家家美"。①

（3）全力打好易地扶贫搬迁硬仗

在最好的地段建成易地扶贫搬迁安置房 37.6 万平方米，2016 年来搬迁贫困群众 18876 人（其中县内安置 18513 人，跨区域搬迁至凯里市 363 人），实现群众"搬得出"。全力推进易地扶贫搬迁后续服务"五个体系"建设，配套建设了安置点中学、小学、幼儿园等基础设施，配备设立了社区服务中心、警务室、卫生室、四点半学校等，建立安置点党支部 4 个，全面落实搬迁群众与搬入地居民同等享受教育、医疗等公共服务，实现群众"稳得住"。对有劳动能力的搬迁群众全面开展劳动技能培训，通过开展专项招聘、送岗上门、引导外出务工等就业服务，以及扶持移民群众自主创业，确保有劳动力的搬迁家庭至少一户一人就业，实现群众"能脱贫"。

（4）全力打好教育医疗住房"三保障"硬仗

2014 年以来累计实施危房改造 11837 户，同步实施改厨、改厕、改圈 5269 户。对存在透风漏雨问题的 2804 户农村住房实施了整治，全县农村住房安全问题已全部消除，实现住有所居。坚持科教兴县、人才强县战略，每年压缩行政经费 6% 用于支持教育发展；全面落实教育扶贫资助政策，常态化开展残疾学生送教送温暖上门活动，全县适龄残疾儿童少年入学率和送教送关爱上门服务率达 100%，严格落实"七长"责任制，全县义务教育阶段无失学辍学学生，实现学有所教。县人民医院成功创建二级甲等医院，建成 11 个标准化乡镇卫生院、110 个村级卫生室；全县建档立卡贫困人口新农合参合、资助参合、大病救治、家庭医生签约服务均达 100%，基本医疗、大病保险、医疗救助实现全覆盖，"先诊疗后付费"、"一站式"即时

---

① 《2019 年岑巩县政府工作报告》。

结报、出院结账"一单清"等政策措施全面落实,实现病有所医。农村低保与建档立卡贫困户衔接率达87%,特困补助、临时救助、慈善救助、残疾人"两补"等政策全面落实。2014年以来,累计发放各项救助资金3.6亿元,救助对象15万人次,实现困有所济。①

2. 坚持志智双扶、补齐短板,全面强化脱贫攻坚精神气质

围绕教育改革发展的中心任务,贯彻落实《教育信息化"十三五"规划》与《黔东南州国民经济和社会发展第十三个五年规划纲要》要求目标,利用云计算、大数据、智能语音、移动互联网等技术,以优质教育资源共建共享为基础,以服务学生、服务教师、服务管理为导向,建成与国家教育现代化发展目标相适应的教育信息化体系;实现教育信息化对学生全面发展的促进作用、对深化教育领域综合改革的支撑作用和对教育创新发展、均衡发展、优质发展的提升作用。把岑巩县打造成为黔东教育高地,力争使岑巩走在全省"互联网+教育"模式探索的前沿;形成具有国内先进水平、信息技术与教育融合创新发展的岑巩特色教育信息化发展道路,实现教育资源公平化、教育管理现代化,切实提高教学效率和管理水平、减轻师生负担,推动教育跨越式发展,实现弯道取直。

(1)依托电子科技大学定点帮扶资源,围绕打造黔东教育高地1个目标,聚焦增强小学教育入口端、提升高考录取出口端2项重点,围绕建档立卡贫困学生、小学教育阶段学生、高中教育阶段学生3类教育群体,实施教育培训"人才计划"、科技赋能"跃升计划"、教育发展"均衡计划"和教育扶贫"聚力计划"4个计划,探索打造"电子信息+教育"扶贫新模式,岑巩全县教育质量连年攀升,有效阻断了贫困代际传递。

---

① 《2019年岑巩县政府工作报告》。

（2）大力实施"'1234'基础教育强基工程"，采取项目支持、专家送教培训、挂职支教、"一对一"、"多对一"和"组团式"结对帮扶、教师互派交流等形式，强化教师培训（包括110名校长和1300余名教师），进一步提高岑巩师资水平和教师素质，加速智慧教育落地落实。[①]

（3）电子科技大学投入200万元，引进"缤果英语"，覆盖县域30所中小学校59个班级的英语口语"空中课堂"项目，实现了3000余名学生与北美优秀教师的"面对面"；搭建"两地三端"（电子科技大学、电子科技大学实验中学与岑巩县第一中学）远程教育系统等，在部分县直中小学援建智慧德育平台、创客教室、思政影视教室、BOE艺术创新体验中心、日语阅览室等设施设备，助力岑巩县成为贵州省9个教育信息化建设试点示范县之一，夯实岑巩教育基础。

（四）"智慧举措"成效

1. 坚持不漏一人、不错一户，全面加强脱贫攻坚精准管理

（1）坚持标准精准识贫

不定总量、不分指标、不下任务，严格按照精准识别程序，用好"四看法"，在2014年启动新一轮贫困人口精准识别的基础上，2016年开展了精准识别"回头看"，2017年开展了"精准识别查漏补缺"，2018年开展了"错评漏评专项治理"，多轮次、地毯式开展大走访、大排查、大研判，做到户户过堂、不漏一人。

（2）因户施策精准扶贫

逐户精准分析、梳理和研判致贫原因，按照"缺什么、补什么"的原则，制定帮扶措施，靶向治疗、精准扶贫。2014年

---

① 《2019年岑巩县政府工作报告》。

以来，实施易地扶贫搬迁 4249 户，教育扶贫惠及 10917 户，医疗健康扶贫惠及 16062 户，生态补偿惠及 5138 户（聘请 720 名建档立卡贫困户为生态护林员），民政兜底惠及 11751 户。

（3）严格程序精准脱贫

严格按照国家贫困退出标准，对符合脱贫标准的按程序有序退出，确保应退尽退，不错退一户一人。

2. 坚持集中火力、精准发力，全力攻克脱贫攻坚深度贫困

（1）重心向深度贫困聚焦

出台了《岑巩县深度贫困村脱贫攻坚工作推进方案》，组建了深度贫困村工作专班，县委常委会专题审定 8 个深度贫困村脱贫攻坚方案。农村公路"组组通"、危房改造、产业扶贫项目等重点向深度贫困村倾斜，深度贫困村扶贫资金人均配备量高于全县 10%。①

（2）资源向深度贫困聚拢

2019 年向深度贫困村投入东西部扶贫协作帮扶资金 3326.3 万元，占帮扶资金比例的 63.9%；投入深度贫困村社会捐赠资金 1117.2 万元，占捐赠资金的 75.2%；投入电子科技大学定点帮扶资金 500 余万元。

（3）力量向深度贫困聚集

明确县四大班子主要领导、3 名县委副书记联系深度贫困村，深度贫困村一线作战队队长均由乡镇党政正职或县直部门主要负责人担任，村第一书记均由县以上机关事业单位选派的科级干部或后备干部担任。

3. 坚持立行立改、真改实改，全面整改脱贫攻坚反馈问题

按照贵州省委、省政府的统一部署，深入开展了脱贫攻坚

---

① 《2019 年岑巩县政府工作报告》。

存在问题"五个专项治理",成立了以县政府主要负责同志为组长的县脱贫攻坚问题整改工作专班,坚持问题导向,对国家、省级脱贫攻坚问题反馈涉及岑巩县的问题,以及对照其他地方存在的问题清单,深入自查,举一反三,全面整改,切实通过以问题整改成效推动脱贫攻坚整体水平提升。目前,国家、省级反馈问题中涉及岑巩县的具体问题,以及对照其他地方存在问题自查发现的问题均已全部整改完成,整改情况已按要求向省、州作了报告。

五 贵州省岑巩县"电子信息＋智慧城乡建设"脱贫经验总结及国际借鉴意义

（一）贵州省岑巩县智慧脱贫减贫工作经验总结

　　扶贫开发贵在精准、重在精准，成败之举在于精准。要"看真贫、扶真贫、真扶贫"。多维贫困理论认为对贫困的测量不仅限于经济收入，应从教育、医疗、生活标准等多个指标进行贫困衡量。基于多维贫困理论，在精准识别中应注重对不同维度贫困状况的识别，并制定差异化的扶贫措施。[①]

　　贵州省岑巩县作为国家扶贫开发工作重点县，坚持以脱贫攻坚统揽经济社会发展全局，在电子科技大学的帮扶下，按照精准扶贫的要求，立足岑巩县实际，建设"智慧岑巩"，走出了一条基于精准扶贫理念的"电子信息＋"岑巩道路，切实做到了把扶贫对象搞精准、把扶贫主体搞精准、把扶贫路径搞精准、把扶贫措施搞精准，真正扶到点子上、扶到关键处，坚持不漏一人、不错一户，全面加强脱贫攻坚精准管理。脱贫攻坚和经济社会发展取得明显成效。

　　贵州省岑巩县基于"精准扶贫"理念的"电子信息＋智慧

　　[①] 庄天慧、陈光燕、蓝红星：《精准扶贫主体行为逻辑与作用机制研究》，《广西民族研究》2015 年第 6 期。

城乡建设"的智慧脱贫模式不仅拓宽了全国脱贫攻坚的路径，也有助于总结贫困县域智慧脱贫减贫、稳定发展基本经验与规律。这些规律性知识与经验总结，对于贵州省内其他县（市、区）及国内其他县（市、区）具有启发与示范意义，对于非洲的脱贫减贫工作的开展也有重要的参考价值。

1. 以"智慧党建"为核心，构建党建扶贫新模式

习近平总书记在中央扶贫开发工作会议上指出，"抓好党建促脱贫攻坚，是贫困地区脱贫致富的重要经验"。岑巩县结合电子科技大学的学科优势，运用"互联网＋"理念，深入推进基层党建传统优势与信息技术深度融合，创新开启"党建＋科技"新模式，综合云计算、大数据、人工智能、物联网等信息技术手段，构建"岑巩智慧党建系统"加强党建学习，构建了基层党建工作的新格局，提高党建信息化程度和工作效率，助力党建工作不断取得进步，优化了岑巩县当地基层党组织和党员的管理服务，为实现党建工作数字化、智能化按下了"快进键"。

以抓党建促脱贫攻坚为抓手，创新推行基层组织联建强堡垒、党员能人联手强队伍、组织生活联合强活力、产业发展联盟强效益"四联四强"抱团发展模式，通过村与村、村与帮扶机关联合开展"主题党日"、集中学习、互动交流等活动，促进各类资源有效整合，形成"强村带弱村、机关带农村"工作格局。

2. 以校地合作为机制，坚决扛起脱贫攻坚政治责任

扶贫开发是第一个百年目标的重点工作，是各级党委、政府最大的任务，是义不容辞的历史责任。定点扶贫是中国特色扶贫开发事业的重要组成部分，高校作为事业单位中的重要组成部分，在国家筹划的全局定点扶贫工作中具有资源丰富等显

著优势，发展潜力巨大，有一定的辐射作用及示范效应。① 定点帮扶工作是党中央赋予高校的一项重大的政治任务，是学校义不容辞的使命与责任，也是学校开展社会服务的重要内容。岑巩县与电子科技大学将扶贫工作摆在重要位置，并肩作战，共同扛起了脱贫攻坚的政治责任。

电子科技大学与岑巩县建立了严谨的校地合作机制，其理论根基为三螺旋理论。夯实脱贫攻坚指挥体系、压实脱贫攻坚包保责任、做实脱贫攻坚督战问效，使合作事项具体，合作范围全面，做到层层负责、人人尽责。该理论强调相互依存、促进的关系，大学—产业—政府关系是以沟通为核心而不断进化的三个螺旋，共同推进社会利益最大化②，为推动扶贫工作的开展提供了有效指导。

作为行业特色型大学，电子科技大学充分发挥在通信、信号、大数据、软件开发等方面的独特人才、智力、学科优势，结合岑巩县实际，深入挖掘当地发展需求，有针对性地实施了一系列行之有效的帮扶措施，通过"电子信息＋"模式推进岑巩县电子信息技术发展，并将信息技术与传统产业相融合促使产业转型升级，促进了政产学研的深度融合，实现了政府、产业与高校之间的互动和交流。

三螺旋理论的最大特点是赋予高校在创新体系中更高的功能要求，强调高校应利用自身的科技资源优势积极为地区发展服务。将该理论作为扶贫工作的理论根基，与扶贫实际相结合，通过组织结构性的安排、制度性的设计等构建学校、地方、企业之间的合作机制，加强资源分享与信息的充分沟通，既有利于促进学校与地方之间在教学和生产实践上的结合、科技和经

---

① 程华东、尹晓飞：《农业高校精准扶贫模式创新探究——基于四所农业高校的案例》，《华中农业大学学报》（社会科学版）2018 年第 2 期。

② 蔡翔、王文平、李远远：《三螺旋创新理论的主要贡献、待解决问题及对中国的启示》，《技术经济与管理研究》2010 年第 1 期。

济的合作行为，将科学技术转化为现实生产力，也有利于实现把握动态关系，实现区域经济发展，达到三方受益、共同发展。

3. 以精准脱贫为目的，打造"电子信息＋"扶贫新模式

推进扶贫开发、推动经济社会发展，需要有一个好思路、好路子。在充分调研的基础上，电子科技大学结合岑巩县信息化、智慧化发展整体水平低、信息产业基础薄弱等特点，立足自身学科特色和优势，提出"要切实做好精准扶贫工作，探索'电子信息＋'扶贫新模式"，创新性地提出了"智慧岑巩"建设，帮助岑巩县制定了《"智慧岑巩"总体规划》及其建设标准，有利于助力岑巩县形成自我发展能力，推动岑巩县社会经济的持续发展。

依托电子科技大学定点帮扶岑巩县资源，岑巩县大胆创新、积极探索，聚焦智囊团帮扶、人才支撑、产业助推、资本运作、软硬件提升、传播塑品六大板块，发展"电子信息＋基础设施""电子信息＋智慧电商""电子信息＋智慧医疗""电子信息＋智慧教育""电子信息＋智慧农业""电子信息＋智慧旅游""电子信息＋智慧政务"七大领域，走出了一条体现中央、省、州精神，具有岑巩县特色的扶贫开发新路子。

在"电子信息＋智慧教育"层面，电子科技大学与岑巩县深入贯彻落实习近平总书记关于脱贫攻坚系列重要论述及讲话精神，体悟了教育在精准脱贫中的基础性、先导性和持续性作用[1]，牢牢把握"扶志"与"扶智"两抓手，提振群众脱贫致富的"精气神"，铸造智力"保障芯"，全面激发脱贫内生动力，具有一定的启示与示范作用。

扶贫先扶志，治贫先治愚。扶贫开发，根本的还是要在人

---

[1] 王嘉毅、封清云、张金：《教育在扶贫脱贫中的作用及其机制》，《当代教育与文化》2017 年第 1 期。

上做文章，在提高人的素质、本领上下功夫。邹薇在对我国多维度动态研究中发现，在收入、教育、生活质量三个维度的贫困测度中，教育贫困最为严重，对多维贫困的贡献率最大，达到了47.27%。① 故应聚焦贫困人口对接受各类教育最迫切、关键突出的问题，做好教育扶贫脱贫的顶层设计。

岑巩县与电子科技大学校地双方就教育扶贫达成共识，把教育作为"拔穷根"的治本之策，探索打造"电子信息＋智慧教育"扶贫新模式——围绕打造黔东教育高地1个目标，岑巩县聚焦增强小学教育入口端、提升高考录取出口端2项重点，围绕建档立卡贫困学生、小学教育阶段学生、高中教育阶段学生3类教育群体，实施教育培训"人才计划"、科技赋能"跃升计划"、教育发展"均衡计划"和教育扶贫"聚力计划"4个计划，大力发展普惠式教育，全县教育质量连年攀升，让更多的寒门学子圆了大学梦。

同时，电子科技大学通过"短培＋长养"模式加速"智慧岑巩"人才培养，多层次、多形式开展教育培训计划，切实为智慧城乡建设运行提供保障。岑巩县坚持将精神脱贫与物质脱贫并重，实现了从输血式扶贫向造血式扶贫的转变，全面增强贫困群众的脱贫技能，切实提振了贫困群众脱贫致富的"精气神"，有利于形成脱贫致富奔小康的合力，助力脱贫攻坚整县摘帽。

4. "智慧举措"多元化，凝聚社会扶贫合力

电子科技大学为岑巩县量身打造了多个智慧应用单体示范项目，以电子信息技术等科技手段引领当地产业的发展及转型升级，通过组建"定点帮扶岑巩专家智囊团"、开设信息化工作

---

① 邹薇：《我国现阶段能力贫困状况及根源——基于多维度动态测度研究的分析》，《人民论坛·学术前沿》2012年第5期。

能力集中培训班、入库巨额投资项目，招标社会投资人采购、开发高质量软件系统、建设"两微一端"传播平台等多种方式从智囊团帮扶、人才支持、产业助推、资本运作、软硬件提升、传播塑品六个方面多角度、全方位为岑巩县注入"智慧"源泉。在智慧城乡产业助推方面，利用互联网电商技术打造的教育系统消费采购扶贫平台"e帮扶"是岑巩县多元举措、智慧脱贫的亮点之一。

2016年，习近平总书记在网络安全和信息化工作座谈会上明确将"互联网"与"扶贫"联系在一起。岑巩县在脱贫减贫过程中，在习近平新时代中国特色社会主义思想的指导下，充分发掘互联网和信息化在精准扶贫工作中的潜力。电商作为新兴业态，既可以推销农副产品、帮助群众脱贫致富，又可以推动乡村振兴，是大有可为的。岑巩县利用电商技术拓宽销售渠道，多渠道解决农产品销售难的问题，切实解决了扶贫农畜牧产品滞销问题，组织好产销对接，开展消费扶贫行动。

电子科技大学积极搭建教育系统消费采购扶贫平台"e帮扶"，采用互联网技术手段，集合最新电商模式，打造采买更高效、消费形式更多样的电商平台。"e帮扶"平台的建设切实有效地助力当地加强了扶贫产品宣传，促进了产销对接，解决了销售不畅等问题。在生产端，岑巩县电商公司、农户入驻电商平台；在消费端，电子科技大学开展定向采购，并不断创新方式方法，调动广大师生和校友参与消费扶贫。

"e帮扶"平台也在不断地完善过程中，正在逐步建立起有助于岑巩县等贫困地区发展的商业生态圈，实现扶贫与消费、扶贫与商业的深度结合，引导贫困县产品品牌化、产业化和商业化，为扶贫赋能，为发展赋能，让扶贫工作可统筹可指导，助力精准扶贫，脱贫攻坚，致富奔小康。

为确保"智慧举措"的实施，岑巩县政府与电子科技大学还充分发挥了社会各界扶贫的合力，为全面强化脱贫攻坚提供了保障。

习近平总书记指出，要坚持专项扶贫、行业扶贫、社会扶贫等多方力量、多种举措有机结合和互为支撑的"三位一体"大扶贫格局。精准扶贫工作实质上是政府、社会与扶贫对象等多元主体互动作用的结果。① 在贫困治理理论中，研究者也强调政府、市场、社会、社区、个人不同主体在反贫困过程中的协同作用。② 社会力量主要以解决贫困人口来稳定脱贫致富的扶贫攻坚问题，从不同角度扩大扶贫资源，提高扶贫工作水平。推进扶贫开发，是全党全社会的共同责任，必须动员和凝聚全社会力量广泛参与。

多元协同扶贫理念③始终贯穿岑巩县脱贫工作的全过程——政府、学校、市场及社会各参与扶贫主体之间保持协同互动，在多元主体参与投入并相互协商合作的过程中，持续提升扶贫的精准性，实现扶贫绩效的最大化。岑巩县积极发动与利用各种力量参与扶贫工作，形成扶贫合力。在定点帮扶过程中，电子科技大学协调统筹各方资源，充分运用传统媒体和互联网媒体平台，广泛动员师生、校友、企业等力量参与，扩大关系网络，调动社会资本，在为岑巩县脱贫攻坚营造了良好的社会氛围和舆论环境的同时注入了新的思维与活力。

习近平总书记在 2016 年网络安全和信息化工作谈话上强调，可以发挥互联网在助推脱贫攻坚中的作用，推进精准扶贫、精准脱贫，让更多困难群众用上互联网，让农产品通过互联网走出乡村，让山沟里的孩子也能接受优质教育。在以互联网为

---

① 郑瑞强、曹国庆：《基于大数据思维的精准扶贫机制研究》，《贵州社会科学》2015 年第 8 期。

② 庄天慧、陈光燕、蓝红星：《精准扶贫主体行为逻辑与作用机制研究》，《广西民族研究》2015 年第 6 期。

③ 靳永翥、丁照攀：《贫困地区多元协同扶贫机制构建及实现路径研究——基于社会资本的理论视角》，《探索》2016 年第 6 期。

代表的信息技术快速发展的当下，充分发挥互联网在助推脱贫攻坚中的作用，通过"互联网＋"的新杠杆来撬动精准脱贫的硬骨头，从而实现全面小康，是充满智慧的中国方略，是全球减贫事业中独具特色的中国方案。贵州省岑巩县基于"精准扶贫"理念的"电子信息＋智慧城乡建设"脱贫模式将互联网与脱贫减贫紧密联系，真正做到了扶贫精准化，贫户小康化。岑巩县智慧脱贫减贫是一条从实际出发，因地制宜、理清思路、完善规划、找准突破口的创新之路。电子科技大学提出以"电子信息＋"引领智慧城乡的"智慧岑巩"信息化建设思路，把扶志与扶智相结合，将互联网与扶贫工作紧密联系在一起，这既符合当前供给侧结构性改革方向，也是今后经济社会发展的必然趋势，有利于全力推进岑巩县精准扶贫、科学治贫、有效脱贫，坚决打赢脱贫攻坚战。

（二）中国贵州省岑巩县智慧脱贫减贫 工作对非洲的借鉴意义

2000 年联合国千禧年发展目标的确立标志着人类减贫消贫的伟大实践进入一个崭新的历史阶段，需要全人类携手为完成减贫消贫战略目标万众一心，众志成城。2005 年 9 月，《2030 年可持续发展议程》明确提出到 2030 年要在世界范围彻底根除极端贫困，《2030 年可持续发展议程》的通过，标志着联合国千禧年发展目标取得了阶段性的成果，世界反贫困的伟大实践开始进入一个崭新的阶段。在这次会议上，习近平主席代表中国政府发表了题为《谋共同永续发展 做合作共赢伙伴》的重要讲话，强调国际社会要以 2015 年后发展议程为新起点，共同走出一条公平、开放、全面、创新的发展之路，努力实现各国共同发展，并向世界各国庄严承诺，中国将以落实2015 年后发展议程为己任，团结协作，推动全球消贫减贫事业不断向前。

贫困是全球性的重大问题，也是当今世界发展面临的最大挑战之一。对于广大发展中国家来说，贫困更是严重阻碍着可持续发展的进程。中国是当今世界上最大的发展中国家，是非洲可靠的朋友，在非洲贫困问题研究方面应做出自己的贡献。2020 年是全面建成小康社会的决胜之年，岑巩县在减贫脱贫过程中正按照规划稳步前进，形成了自己独特的模式——"电子信息 +"扶贫引领建设智慧城乡脱贫奔小康模式，该模式取得了显著的成效，有其主要特点、创新之处和可复制之处，可以为推动非洲贫困问题解决，提供较为有力的案例及样板。

各个国家拥有不同的历史和文化背景，每个国家之间经济发展状况也不相同，各国进行减贫经验的交流，引进符合本国国情的理念和方法，并实现国际经验的本土化，是减贫合作的核心所在。希望岑巩县"电子信息 +"扶贫引领建设智慧城乡脱贫奔小康模式的相关经验能够为非洲贫困问题解决提供一定的帮助和支持。

1. 非洲国家整体贫困特征

从区域来看，非洲是目前世界上最贫困的地区。联合国开发计划署发布的《2019 年人类发展报告》中称，世界人类发展指数值为 0.731，而撒哈拉以南非洲人类发展指数值为 0.541，远低于世界的数值，仅略高于低人类发展水平指数值 0.507。[①]非洲大量国家和人口仍处于不同程度的贫困中，并且主要具有以下特征。

基础设施落后。落后的基础设施是非洲国家脱贫减贫的

---

① United Nations Development Programme，"Human Development Report 2019"，http：//hdr. undp. org/en/2019 - report.

最大障碍和制约非洲经济发展的重要因素。停水停电、出行不便等问题是贫困人群生活的常态。更严峻的是，因公共卫生等方面基础设施的缺乏，导致的疾病蔓延使更多人口陷入贫困或难以脱贫。据估计，2011—2040 年非洲基础设施建设缺口高达 3600 亿美元。[1] 其中，非洲的信息通信设施发展也极为落后。根据国际电信联盟 2017 年发布的信息通信产业报告，非洲是信息通信技术发展指数最低的地区。非洲的平均水平仅为全球平均水平的二分之一。截至 2018 年第四季度，全球移动宽带的安装数量为 52.86 亿，固定宽带的安装数量为 10.75 亿，而非洲这两项数据分别为 3.65 亿和 600 万，仅占全球的 7% 和 0.6%。[2] 可见非洲的信息通信基础设施及其发展水平都较落后。

人才、技术缺乏。受历史因素影响，非洲教育呈现两极化的局面。从学前教育到高等教育都有两类学校，一类是学费低、设施简陋的公共学校，一类是学费高昂、教育水平高的国际学校。大量人口受经济水平限制只会考虑教育水平相对较低的公共学校，且辍学率随年龄增长呈上升趋势。从个人角度来看，辍学人口大多只能从事技能要求低的底层工作，但随着社会产业结构不断升级，很容易在劳动力市场失去竞争力，最终变为结构性失业人口而加剧贫困程度。从国家角度来看，教育的不足直接导致人才的缺乏，人才数量和素质的不足又影响着各领域技术的更新和发展。在国民受教育水平普遍较低的情况下，国家生产水平难以得到整体提升，最终影响整个国家的贫困状况和经济社会的长远发展。

---

[1] 刘晨、葛顺奇：《中国企业对非洲投资：经济增长与结构变革》，《国际经济评论》2018 年第 5 期。

[2] 国际电信联盟，https：//www. itu. int/zh/ITU-D/Statistics/Pages/default. aspx。

2. 非洲国家借助"电子信息+"脱贫减贫的可行性

(1) 非洲联盟对"电子信息+"发展前景的重视

2002年7月，包含55个非洲会员国，集政治、经济和军事于一体的全非洲性政治实体——非洲联盟正式成立，传递出非洲一体化加速发展的信号。非洲联盟以维护和促进非洲大陆的和平与稳定，推行改革和减贫战略，实现非洲的发展与复兴为主要任务，而"电子信息+"的建设被非盟看作实现目标的重要举措，并做出了一系列相关规划。

从2013年以来，非盟开始着手制定规划未来50年发展的《2063年议程》，旨在50年内建成地区一体化的新非洲，最终该议程于2015年年初的第二十四届非盟峰会上获得通过。同年6月，非盟通过了该议程下的第一个十年实施计划，明确了非洲发展的重点领域及目标达到的成果，并特别列举了部分"旗舰项目"。其中，与"电子信息+"直接或间接相关的旗舰项目占据实施计划的一大部分，包括建设非洲电子大学、建成泛非电子网络、实施非洲外太空计划、建设统一的非洲空中运输市场等。2019年7月7日，非洲联盟正式宣布成立非洲大陆自由贸易区。根据非洲各国签署的协议，非洲自贸区将重点发展五大新业态——总部经济、平台经济、离岸经济、信息技术、新兴专业化服务，信息技术被视为带动非洲自由贸易区建设的一个重要引擎。纵观非洲联盟近年来所规划的旗舰项目及发展计划，都反映着非洲大陆对"电子信息+"的认可度和"电子信息+"作为非洲未来发展方向的可能性。

(2) 中非"电子信息+"合作前景广阔

着眼于打造新时代更加紧密中非命运共同体的中国，始终坚定支持非洲稳定发展。2018年，习近平主席在第七届中非合作论坛北京峰会上再次强调，中国将与非洲加强政策协调，把中非共建"一带一路"、非洲联盟《2063年议程》、非洲各国发展战略紧密结合起来，为非洲发展提供更多帮助和机遇，为中非合作提供不竭动力和更大空间。中非双方在此合作论坛上签署并通过了《中非合作论坛——北京行动计划（2019—2021年）》，提出未来 3 年和今后一段时间中非合作将在政治、经济、社会发展、人文、和平安全、国际等方面加深合作。在经济合作方面，计划明确提出：双方认识到信息通信技术对经济社会发展发挥着战略性和全局性影响，将加强主管部门交流合作，分享信息通信发展经验，共同把握数字经济发展机遇，鼓励企业在信息通信基础设施、互联网、数字经济等领域开展合作；双方将积极探讨和促进云计算、大数据、移动互联网等新技术应用，中方愿支持非洲国家建设"智慧城市"，提升信息通信技术在维护社会治安、反恐和打击犯罪等方面的作用，与非方共同维护信息安全；双方鼓励和支持各自企业合作参与非洲国家光缆骨干网、跨境互联互通、国际海缆、新一代移动通信网络、数据中心等通信基础设施建设，并在相关基础设施建设、运营、服务等方面开展互利合作；双方愿加强在国际电信联盟等国际组织中的合作，促进在人员培训、网络互联互通、创新中心建设等方面的协作；双方愿就信息通信技术政策和发展开展战略咨询，共同努力缩小非洲数字鸿沟，推进非洲信息社会建设。[①]可见，非洲对信息技术的重点建设与我国"互联网与信息化"发展战略高度契合，中非日后合作投资将会更多向信息、互联网等新兴行业倾斜，中非"电子信息＋"合作前景广阔。

（3）非洲互联网使用需求量大

与发达国家面临人口老龄化问题不同，非洲大陆是人口结构十分年轻的地区，而年轻人恰恰是推动信息化的主力人群。

---

① 《中非合作论坛——北京行动计划（2019—2021 年）》，2018 年 9 月 5 日，中华人民共和国商务部网，http：//www. mofcom. gov. cn/article/i/dxfw/gzzd/201809/20180902783477. shtml。

根据国际电信联盟 2017 年发布的报告可知，世界范围内 15—24 岁的年轻人使用互联网的比例达 71%，明显高于总人口使用互联网的比例 48%，非洲范围内该年龄段年轻人使用互联网的情况同样适用这一比例。同时，非洲 37% 使用互联网的人是 15—24 岁的年轻人，而从全球来看这个数据为 23%，发达国家则仅为 13%。

另外，非洲已成为全球电信市场增长最快的地区，不仅使用人数及比例可观，非洲互联网用户数还呈现出可观的增速。从非洲自身数据变化来看，非洲 2005 年使用网络的人数比例仅为 2.1%，到 2018 年增长为 24.4%，增长将近 12 倍，复合年增长率达到 21%。与世界其他地区相比，信息化增速位列第二的阿拉伯地区，其网络使用人数和可上网家庭数量的复合年增长率都远低于非洲大陆，分别为 16% 和 12%。①

从上述数据可见，非洲对互联网的使用需求量巨大，而且在年轻人口数量与信息化程度严重不匹配的环境下，整个非洲大陆对信息通信技术的需求会愈发旺盛。需求将会倒逼非洲整体信息通信技术的发展，为非洲国家借助"电子信息 +"脱贫减贫提供更多可能性。

3. 中国贵州省岑巩县"电子信息 +"扶贫模式可借鉴之处

消除贫困是人类的共同使命，携手消除贫困，共建人类命运共同体是中国一以贯之的重要思想。中国在致力于自身消除贫困的同时，始终乐意并积极开展南南合作，力所能及地向其他发展中国家提供不附加任何政治条件的援助，支持和帮助广大发展中国家特别是最不发达国家消除贫困。近年来，全球范围内"互联网 +"风起云涌，非洲大陆对信息化发展需求旺盛，

---

① 国际电信联盟，https：//www. itu. int/zh/ITU-D/Statistics/Pages/default. aspx。

中非合作在"一带一路"联通之下机遇正好。同时，党的十九大报告指出，加快互联网与信息化的发展，已成为我国"十三五"时期践行新发展理念、破解发展难题、增强发展动力、厚植发展优势的战略举措和必然选择。《"十三五"国家信息化规划》指出，我国一批网信企业应加快"走出去"，积极参与"一带一路"沿线国家的信息基础设施建设。中国政府鼓励优秀的国内企业勇敢"走出去"，坚持走共同发展道路，奉行互利共赢的开放战略，将自身发展经验和机遇同世界各国分享，欢迎各国搭乘中国发展"顺风车"。对于非洲来说，随着网络空间国际交流合作的不断深化及中国"一带一路"倡议的不断开放，非洲各国可把握好时代机遇，参考借鉴中国减贫脱贫经验，搭乘中国发展的"快车""便车"，推动自身减贫脱贫，实现经济社会快速发展。而岑巩县"电子信息＋智慧城乡建设"模式作为成功的案例，有助于对世界尤其是非洲减贫脱贫提供有益经验。因此结合非洲情况，中国贵州省岑巩县基于精准扶贫理念的"电子信息＋智慧城乡建设"模式对其可借鉴之处有以下四点。

（1）依托非洲自贸区做好总体规划，量身绘制智慧蓝图

非盟55个成员国中的54个国家均已签署非洲大陆自由贸易区协议。按成员数量来看，非洲大陆自由贸易区将成为世界贸易组织成立以来全球最大的自贸区，将促成一个覆盖12亿人口、国内生产总值合计达到2.5万亿美元的非洲单一大市场，这会为各非洲国家发展带来更多机遇。但为了非洲各国间的更好协同，必须以统筹非洲自贸区全局角度做好总体规划，量身绘制智慧蓝图。要创新理念，制定"智慧非洲"战略，结合各国国情和非洲大陆整体情况，制定特定期限内的总体规划。规划内容应涉及规划概述、现状分析、智慧非洲建设的必要性、需求分析、信息化发展规划原则及目标、总体架构、重点工程建设、实施路径、实施模式、保障措施等相关内容，旨在以非洲一体化的发展思路，高标准新理念打造"智慧非洲"。

总体规划里还应突出部分重点领域的设计和建设。可着力在基础设施建设、教育、产业、医疗等领域开展"智慧非洲"试点项目建设，着力构建信息资源高效融合的公共信息服务平台，为非洲信息化建设提供基础支撑。通过"智慧非洲"建设，逐步使非洲各国信息通信技术基础设施不断完善，从而创造更为互联互通的发展条件，实现全非洲经济快速增长。

（2）改善信息基础设施，为"智慧非洲"提供条件

信息基础设施的完善是非洲各国间互联互通的重要促进力量。在中非合作关系日益深厚和"一带一路"倡议不断深入的背景下，非洲可以借助中国企业对非的资金、技术支持实现信息基础设施的升级改造。中国参与非洲建设的企业均为国内实力最为雄厚的国有企业和民营企业，这些企业的资金能力和技术水平能为相关项目建设提供良好的质量保证，从而大力提升全非洲信息基础设施水平，实现基础设施的统筹规划和集约发展。另外，除了硬件基础设施建设，各类针对各国生产、生活的智慧应用软件也可通过中国企业的先进技术助力经济社会发展。甚至借助大数据、云计算等手段，集中管理利用各类资源，实现信息化可持续发展，助推全非洲经济发展迈上新台阶。

（3）加强教育信息化建设，培养"智慧人才"

非洲现代化、工业化的发展方向对高素质人才和高技术人员的需求将逐步增大，当前两极化的教育体系已无法适应时代发展需要，非洲各国对均衡且优质教育需求的日益增长是必然趋势。与此同时，非洲互联网普及率正快速提高，部分非洲国家的网络覆盖率达到50%以上。发展教育信息化可以成为促进非洲教育发展，培养"智慧人才"的重要方向和手段。2016年，中华人民共和国教育部印发《推进共建"一带一路"教育行动》通知，旨在实施"丝绸之路"教育援助计划，希望发挥教育对外援助，加强中国教育培训中心和教育援外基地建设，同时倡议社会力量顺势而行，开展更大范围、更深层次、更高水平的"一带一路"教育民间合作交流。

在"一带一路"背景下，非洲各国可充分借助中国的教育外援力量发展教育信息化，制订人才短期和长期培养计划，中非共同打造高水平人才培养体系。在人才短期培养方面，非洲各国可依托中国企业在非项目开展信息化讲座、开设信息化课程，提高当地劳动力的信息化素养和信息化工作能力。同时引进先进远程教育系统，扩大信息化优质教育资源覆盖面，提高科技赋能的可能性。在人才长期培养方面，非洲各国可以支持具备相应条件的年轻人走出国门，学习世界前沿技术和知识，推动非洲本地教育教学改革。同时，积极调动社会力量参与教育扶贫、推进基础教育发展、关爱贫困地区学生成长，创造全民重教的社会环境。

（4）推动"智慧产业"发展，带动经济全面提升

非洲大陆自由贸易区的成立，彰显了非洲国家对全球化发展的信心。"智慧产业"的发展，能依靠互联网技术助推产业升级和转型，一方面，有助于非洲通过信息化途径参与全球价值链，通过自身比较优势实现非洲整体的快速发展；另一方面，也有助于推动非洲各国中小企业参与全球贸易，从而解决更多就业问题。

基于中国在电子商务领域的巨大成就，非洲可与中国合作建设以"智慧商务"为例的"智慧产业"。非洲各国可利用中国企业的资金、人才和技术建设本国的电商产业——基于突破网络基础设施、电子商务应用等瓶颈制约，通过建设不同层级的电子商务服务运营中心、电子商务服务点，推动服务贸易平台建设，建立健全电子商务服务体系，从而提升产业转型升级，加强非洲各国国内及各国间的多向流通。同时，非洲各国可建档立卡贫困户电商培训，全力推进建档立卡贫困户电商培训工作。以提高减贫脱贫精准度为目标，针对各国不同层级、地区的建档立卡贫困户、电商创业脱贫带头人、青年致富带头人等开展电商培训，并且加大对贫困户的技术性培训，着力于本国产业特点，集中对特色产业产品、电商营销、务工技能等方面能力进行培养，力图在特定层级或范围内均培养电商人才，由他们作为带头人逐步形成一支懂信息技术、会电商经营、能带动脱贫的本国本地电商扶贫队伍，以点带面，最终带动经济的全面提升。

4. "电子信息＋"助力非洲产业发展

"电子信息＋"已经成为推动全球社会和经济发展的重要驱动力。非洲人口超过 12 亿，占世界人口总数的近五分之一，"电子信息＋"将能够成为激发非洲人民的创造力的重要工具。尽管非洲大陆在信息通信技术上的影响力落后于发达国家，但以"电子信息＋"技术推动社会经济发展在非洲拥有广阔的前景，当前学术界的科研人员和信息与通信技术的从业人员都对"电子信息＋"走进非洲展现了特别的关注。"电子信息＋"技术的应用能够有效提升生产效率，帮助非洲中小企业者增加了解市场信息的渠道，减少市场交易成本。

据《赞比亚时报》2017 年 5 月的报道，《非洲竞争力报告》显示，在信息和通信技术（ICT）方面，南非在国际上的排名位于第 58 位（共有 138 个经济体参与排名），毛里求斯和博茨瓦纳的排名分别为第 72 位和第 83 位。可见，以信息通信技术为代表的"电子信息＋"技术在非洲已具有一定的发展基础。

（1）"电子信息＋农业"

农业是经济发展的基础，对于非洲尤其如此，农业是大多数非洲国家的第一大产业。非洲的农业产值约占非洲大陆国内生产总值的 15%，农业劳动力占非洲劳动人口的比重为 60%，为超过 50% 的家庭提供基本生活需求和收入。[①] 在非洲，70%

---

① 联合国非洲经济委员会 "Economic Report on Africa 2012：Unleashing Africa's Potential as a Pole for Global Growth" 报告。

的人口从事务农工作。此外，据世界银行测算，非洲的粮食市场将继续增长，到 2030 年将达到 1 万亿美元，非洲对粮食的需求也将翻倍。粮食生产对非洲经济和社会发展的重要性不言而喻。而耕地是粮食生产的重要前提和保障。因此，保护耕地、提高粮食产量是非洲各国共同致力的事业。而信息化技术在耕地保护中就是一种有力手段，"电子信息 + 农业"能够为非洲农村地区减贫提供技术支持。如结合全天候遥感监测、地理信息系统等现代信息技术，能提高耕地质量监测评估的信息化水平，并依托耕地信息化的数据，提高对耕地质量有效感知、快速获取与精准识别的能力。同时，非洲各国可尝试开展耕地生态状况评估和监测的网络建设，提高非洲整体耕地保护与发展水平，为粮食生产提供重要保障。

信息通信技术也有助于提高非洲农业的生产率。例如利用信息技术对地块的土壤、肥力、气候等进行大数据分析，并提供种植、施肥、病虫害防治等相关的解决方案，能够提升农业生产效率。建立农产品消费平台系统，促进供求双方对接，同时使得民众掌握先进的技术信息和农产品价格走势，从而决定农业生产重点以把握趋势。利用电子信息技术打造特色农业，创造出更为多样模式的"新农业"。此外，农业生产在线登记册（Farm Registry）可以作为农业发展、提供农业服务以及社会援助计划的基本工具。通过登记册为农民群体提供健康保险、农作物保险、老年退休金、信贷等方面的服务。"电子信息 +"同时能够帮助农业生产者汇总生产加工流程中每一环节的参与人员信息，提升农业生产效率比和资源利用率。

（2）"电子信息 + 工业"

工业是唯一以现代化劳动手段生产的部门，它决定着国民经济现代化的速度、规模和水平，在当代世界各国国民经济中起着主导作用。非洲大陆幅员辽阔，其丰富的矿产资源能够为非洲工业发展提供基础保证。非洲以矿物资源种类多、储量大而闻名于世。如石油、天然气蕴藏丰富；铁、锰、铬、钴、镍、钒、铜、铅、锌、锡、磷酸盐等储量巨大；黄金、金刚石久负盛名；铀矿脉的相继被发现，引起世人瞩目。矿产资源开发是非洲许多资源型经济体繁荣的重要产业支柱。同时，非洲的城市化进程逐渐加快。到 2045 年，非洲的城市人口预计每年将增加 2400 万人；到 2034 年，非洲劳动年龄人口预计将达到 11 亿。丰富的矿产资源、年轻的人口结构与不断增加的劳动力为非洲的工业发展带来了活力。在这一进程中，"电子信息 + 工业"将成为非洲发展以及融入全球市场的首选方式。

物联网、智能化等新技术也能够提高非洲工业制造业水平，将工业制造业向智能化转型，大大提高生产效率，提升生产质量。例如，"电子信息 +"技术能够推动地质调查、矿物资源开发的信息化发展，结合空间信息、对地观测等信息技术，可紧密围绕非洲国家的资源战略与找矿需求，开展智慧探矿创新应用研究，促进以数据驱动的智慧探矿新业态形成。

（3）"电子信息 + 教育"

大力发展教育事业是保证国家人才所需的条件，是一个国家的基础性战略，关系到国家每一个行业，其发展水平直接决定了社会的经济，对非洲来说意义更加重大，甚至有可能成为非洲经济发展的核心驱动力之一。同时，"电子信息 +"技术的开发与推广需要具有相关知识技能的人才，离不开教育事业的发展。研究表明，1999—2012 年，非洲 11 个国家的入学率增长了 20%。但是，非洲教育的质量与可及性亟待提升。

将"电子信息 +"技术运用于教育领域，能为精准识别教育对象提供可能性。通过为非洲适龄学生建立包括个人信息、家庭信息、学业信息等在内的数据库，可了解并追踪学生的教育动态，识别学生个人的身心成长及其家庭情况变化，从而为学生提供个性化的教育帮扶方案，增加非洲地区人口受教育机会。同时，教育信息化可为提高非洲教育的整体水平提供多层次数据，挖掘不同人群的教育需求。非洲国家也可以利用电子信息技术创新教育模式、寻找创新教育方法、构建科学高效教育平台，为提高非洲国家教育水平提供技术支持、培养高素质人才，为非洲国家经济建设、可持续发展提供人口红利。非洲各国政府还应当加强高等教育方面的"电子信息＋"投资，通过人才培养带动知识型、创新驱动型经济的发展。

5. 中国贵州省岑巩县扶贫模式对非洲高校助推减贫的启示

高校是高等教育体系的重要组成部分，扮演着知识储存、传播与转化的角色，肩负着"培育英才，服务社会"的责任。在传统教育理念中，高校的教育方针以"知识传授"为前提，强调教育与科研职能的密切结合，通过专业人才的培养与科研成果的转化为社会提供"智力依托"。现代"知识经济"的出现进一步强调了高校为地方培养高素质专业型人才与为区域经济社会发展提供科技支撑的重大社会责任。

在本报告中，从"智慧岑巩"战略方案的规划到实施方案的确定，都充分体现了高校在脱贫减贫、服务社会中的重要地位。贫困问题是个世界性难题，是影响非洲社会经济发展的关键问题，反贫困是人类共同面临的一项历史任务。非洲高校可参考中国经验，发掘高校所具有的科学与技术优势，开展致贫原因精准识别、扶贫人才培育及定点区域帮扶等一系列扶贫工作，同时可在政府部门制定脱贫攻坚战略与政策中充分发挥咨询作用，承担起助力非洲脱贫减贫的责任。如何借鉴本报告，在非洲脱贫减贫中发挥非洲高校的作用，提出以下几点启示。

第一，注重人才培养。人才培养是高等学校的根本任务，是事关社会发展与国家建设的战略工程。高校学生步入社会后成为国家未来的建设者，将在各行各业充分发挥其专业知识与技能，是社会财富创造的重要引擎。非洲高校应注重劳动力市场需求，按需提供培养项目、技能培训以提升学生技能水平，培养学生的创造力、技术思维和创业能力，以确保毕业生的就业能力，并鼓励学生创业。

第二，发挥"智库"作用。虽然贫困是多方面多维度的，是从不同渠道展示出来的，很难通过高等教育解决所有类型的贫困，但在知识型社会中，可基于知识的创新型活动、知识传播及高等教育机构的合作达到多渠道、多维度的减贫。非洲高校应以问题为导向，围绕国家减贫重大战略需求，植入脱贫减贫思想、提供脱贫减贫政策方案、发挥决策咨询作用，充分发挥高校作为服务社会经济发挥"智库"功能，为非洲脱贫注入智慧源泉。

第三，充分发挥高校作为地方经济发展载体的作用，加强校地、校企合作。非洲高校具有人才、资源等多方面优势，是区域经济发展的载体，非洲高校具有人才、资源等多方面优势，是区域经济发展的载体。因此，有必要从地域分异的角度思考高校在社会经济发展和扶贫中的作用，即将高校的发展与区域经济社会的发展紧密结合起来。一方面，加强高校与地方、社区、企业等的合作，使高校能够根据特定地区的经济发展情况，因地制宜地形成区域帮扶创新体系，并不断探索校地合作、产学研合作的新途径，将高校的人才智力优势转化为发展优势，从而服务地方经济发展；另一方面，充分利用溢出效应，通过校区的拓展、新校区的建立，为当地带来新的商业、财富和就业机会，同时也可助力减贫脱贫。

第四，助力巩固脱贫成果。脱贫减贫工作中，在"输血"的同时要注重"造血"。非洲高校可发挥自身专业、人才与科技优势因地制宜，根据各地实际贫困状况增强当地的经济发展内生动力，制定发展规划，挖掘资源潜力，促进当地在减贫脱贫的基础上更进一步实现经济可持续增长。在发挥高校自身作用的同时注重与贫困地区民众进行思想交流，号召当地民众依靠自身智慧大力发展生产，形成发展聚力与合力，改变贫困面貌，尽早摆脱贫困处境。

参考文献

一 著作

安春英：《中非减贫合作与经验分享》，中国社会科学出版社 2018 年版。

崔华泰：《中国特色减贫之路：打好精准脱贫攻坚战》，中原农民出版社 2019 年版。

国务院扶贫办政策法规司、国务院扶贫办全国扶贫宣教中心：《脱贫攻坚前沿问题研究》，研究出版社 2018 年版。

洪名勇：《扶贫开发战略、政策演变及实施研究》，中国社会科学出版社 2019 年版。

胡兴东、杨林：《中国扶贫模式研究》，人民出版社 2018 年版。

李晓红：《减贫进程中贫困人口能力形成的产权分析》，中国社会科学出版社 2015 年版。

苏昌强：《精准扶贫的辩证法》，厦门大学出版社 2018 年版。

向德平、黄承伟：《减贫与发展》，社会科学文献出版社 2016 年版。

张宏明：《非洲发展报告 No. 20（2017—2018）非洲形势：新情况、新特点和新趋势》，社会科学文献出版社 2018 年版。

张琦：《中国减贫政策与实践：热点评论（2017—2018）》，经济日报出版社 2019 年版。

郑长德：《减贫与发展（2019）：2020 年后的乡村振兴与贫困治理》，中国经济出版社 2019 年版。

中国社会科学院国家全球战略智库、国家开发银行研究院:《国际减贫合作：构建人类命运共同体》，社会科学文献出版社2019年版。

Alcock，P.，*Understanding Poverty*，Macmillan International Higher Education，1997.

Allen，T.，Thomas，A.，*Poverty and Development*，Oxford University Press，2000.

Ang，Y. Y.，*How China Escaped the Poverty Trap*，Cornell University Press，2016.

Chen，S.，Ravallion，M.，*China's（uneven）Progress Against Poverty*，The World Bank，2004.

Fan，S.，Chan-Kang，C.，*Road Development，Economic Growth，and Poverty Reduction in China*，Intl Food Policy Res Inst，2005.

Haveman，R. H.，*Poverty Policy and Poverty Research*，Univ of Wisconsin Press，1997.

James，J.，*Technology，Globalization and Poverty*，Edward Elgar Publishing，2002.

Montalvo，J. G.，Ravallion，M.，*The Pattern of Growth and Poverty Reduction in China*，The World Bank，2009.

Reese，B.，*Infinite Progress：How the Internet and Technology will End Ignorance，Disease，Poverty，Hunger，and War*，Greenleaf Book Group，2013.

Watkins，A.，Ehst，M.，*Science，Technology，and Innovation：Capacity Building for Sustainable and Poverty Reduction*，The World Bank，2008.

二　期刊

安春英：《全球贫困治理中的非洲减贫国际合作》，《当代世界》2019年第10期。

安春英：《中国对非减贫合作：理念演变与实践特点》，《国际问题研究》2019 年第 3 期。

蔡翔、王文平、李远远：《三螺旋创新理论的主要贡献、待解决问题及对中国的启示》，《技术经济与管理研究》2010 年第 1 期。

陈升、潘虹、陆静：《精准扶贫绩效及其影响因素：基于东中西部的案例研究》，《中国行政管理》2016 年第 9 期。

贺文萍：《中国经验与非洲发展：借鉴、融合与创新》，《西亚非洲》2017 年第 4 期。

黄承伟、覃志敏：《论精准扶贫与国家扶贫治理体系建构》，《中国延安干部学院学报》2015 年第 1 期。

黄钦：《互联网嵌入精准扶贫的模式与障碍》，《传媒》2019 年第 23 期。

李小云、徐进、于乐荣：《中国减贫四十年：基于历史与社会学的尝试性解释》，《社会学研究》2018 年第 6 期。

李宜钊、徐艳晴：《精准扶贫中信息失准的发生机理——基于问题的复杂性与技术治理效用边界的解读》，《中国行政管理》2019 年第 11 期。

李熠煜、张烽菊：《大数据时代信息扶贫中的风险防范研究》，《图书馆》2019 年第 12 期。

李裕瑞、曹智、郑小玉、刘彦随：《我国实施精准扶贫的区域模式与可持续途径》，《中国科学院院刊》2016 年第 3 期。

刘升：《从"关系权"到"信息权"：大数据促进精准扶贫的影响机制研究——以精准识别为例》，《江海学刊》2019 年第 6 期。

刘彦随、周扬、刘继来：《中国农村贫困化地域分异特征及其精准扶贫策略》，《中国科学院院刊》2016 年第 3 期。

陆继霞、贾春帅：《互联网企业参与精准扶贫的现实价值探析——以 T 公司扶贫实践为例》，《电子政务》2020 年第

4 期。

莫光辉：《精准扶贫：中国扶贫开发模式的内生变革与治理突破》，《中国特色社会主义研究》2016 年第 2 期。

聂露：《当前精准扶贫领域存在的四个问题》，《人民论坛》2020 年第 2 期。

舒运国：《非洲永远失去工业化的机会吗?》，《西亚非洲》2016 年第 4 期。

唐任伍、肖彦博、唐常：《后精准扶贫时代的贫困治理——制度安排和路径选择》，《北京师范大学学报》（社会科学版）2020 年第 1 期。

汪三贵：《中国 40 年大规模减贫：推动力量与制度基础》，《中国人民大学学报》2018 年第 6 期。

汪向东、王昕天：《电子商务与信息扶贫：互联网时代扶贫工作的新特点》，《西北农林科技大学学报》（社会科学版）2015 年第 4 期。

王雨磊：《数字下乡：农村精准扶贫中的技术治理》，《社会学研究》2016 年第 6 期。

杨宜勇、吴香雪：《中国扶贫问题的过去、现在和未来》，《中国人口科学》2016 年第 5 期。

叶兴庆、殷浩栋：《从消除绝对贫困到缓解相对贫困：中国减贫历程与 2020 年后的减贫战略》，《改革》2019 年第 12 期。

张春：《中国的理论自信对非洲国际关系理论建构的借鉴意义》，《西亚非洲》2018 年第 4 期。

张宏明：《中国在非洲经略大国关系的战略构想》，《西亚非洲》2018 年第 6 期。

左停、徐加玉、李卓：《摆脱贫困之"困"：深度贫困地区基本公共服务减贫路径》，《南京农业大学学报》（社会科学版）2018 年第 2 期。

Charles Kenny，"Information and communication technologies for di rect poverty alleviation: Costs and benefits", *Development Policy Review*, Vol. 20, No. 2, 2002.

Dong-Heon Kwak, Hemant Jain, "The role of web and e-commerce in poverty reduction: A framework based on ecological systems theory", *Workshop on E-Business*, 2015.

Hernán Galperin, Judith Mariscal, Roxana Barrantes, "The Internet and poverty: Opening the black box", *Regional Dialogue on the Information Society Lima Pe*, 2014.

Hernán Galperin, M. Fernanda Viecens, "Connected for development? Theory and evidence about the impact of internet technologies on poverty alleviation", *Development Policy Review*, Vol. 35, No. 3, 2017.

Jeffrey James, "The Internet and poverty in developing countries: Welfare economics versus a functionings-based approach", *Futures*, Vol. 38, No. 3, 2006.

Mc Kinsey, "Sizing Africa's Agricultural Opportunity. In Four lessons for transforming African Agriculture", *McKinsey Quarterly*, 2011.

M. G. Quibria, Ted Tschang, "Information and communication technology and poverty: An Asian perspective", *ADBI Research Paper Series*, 2001.

Phil Marker, Kerry Mcnamara, Lindsay Wallace, "The significance of information and communication technologies for reducing poverty", *London, UK: DFID*, 2002.

Simone Cecchini, Christopher Scott, "Can information and communications technology applications contribute to poverty reduction? Lessons from rural India", *Information Technology for development*, Vol. 10, No. 2, 2003.

United Nations Economic Commission for Africa, "Economic Report on Africa 2012: Unleashing Africa's potential as a pole for global growth", *UNECA*, 2012.

Xiaole Wan, Xiaoqian, Qie, "Poverty alleviation ecosystem evolutionary game on smart supply chain platform under the government financial platform incentive mechanism", *Journal of Computational and Applied Mathematics*, 2020（372）.

三 政策文件

《"智慧养猪"，脱贫致富——塔山村农业产业转型升级之探索》。

《岑巩县"十三五"脱贫攻坚规划》。

《岑巩县"十三五"脱贫决战决胜行动纲要（2016—2018年)》。

《岑巩县2013年国民经济和社会发展统计公报》。

《岑巩县2019年脱贫攻坚工作情况汇报》。

《岑巩县国民经济和社会发展第十三个五年规划纲要》。

《岑巩县数字资源环境展示系统框架合作协议》。

《打造"电子信息+教育"扶贫新模式　深入推进"1234"基础教育强基工程——电子科技大学精准扶贫精准脱贫典型项目汇报》。

《电子科技大学—岑巩县进一步深化定点帮扶工作合作协议书》。

《电子科技大学—岑巩县人民政府定点帮扶补充协议》。

《电子科技大学—岑巩县人民政府定点帮扶框架协议》。

《电子科技大学定点扶贫工作汇报（2012—2018年)》。

《电子科技大学扶贫项目管理暂行办法》。

《关于改革创新财政专项扶贫资金管理的指导意见》（黔扶通〔2016〕9号)。

《关于坚决打赢扶贫攻坚战确保率先全面建成小康社会的实施意见》（岑党发〔2016〕3号)。

《关于进一步完善定点扶贫工作的通知》（国开办发〔2015〕27号)。

《关于印发岑巩县扶贫攻坚总体战三年行动计划（2014—2016
　　年）的通知》。

《关于支持贫困县开展统筹整合使用财政涉农资金试点的意见》
　　（国办发〔2016〕22号）。

《关于做好新一轮中央、国家机关和有关单位定点扶贫工作的通
　　知》（国开办发〔2012〕78号）。

《关于做好直属高校定点帮扶工作的意见》（教发〔2013〕3号）。

《贵州省"十三五"脱贫攻坚专项规划（2016—2020年)》。

《国务院办公厅关于深入开展消费扶贫助力打赢脱贫攻坚战的指
　　导意见》（国办发〔2018〕129号）。

《国务院关于印发"十三五"脱贫攻坚规划的通知》　（国发
　　〔2016〕64号）。

《国务院关于印发国家八七扶贫攻坚计划的通知》　（国发
　　〔1994〕30号）。

《教育部关于做好新时期直属高校定点扶贫工作的意见》（教发
　　〔2019〕4号）。

《教育脱贫攻坚"十三五"规划》（教发〔2016〕18号）。

《教育信息化十三五规划》（教技〔2016〕2号）。

《黔东南州国民经济和社会发展第十三个五年规划纲要》。

《探索打造"电子信息＋教育"扶贫新模式"拔穷根"》。

《扎实推进教育扶贫"三落实"奋力谱写岑巩教育新篇章》。

《彰显"电子信息＋"共谱"消费扶贫曲"——电子科技大学
　　消费扶贫典型案例汇报》。

《智慧岑巩　脱贫奔小康——电子科技大学精准扶贫精准脱贫典
　　型项目汇报》。

《智慧岑巩总体规划（2016—2021年)》。

《中共贵州省委贵州省人民政府关于坚决打赢扶贫攻坚战确保同
　　步全面建成小康社会的决定》（黔党发〔2015〕21号）。

《中共黔东南州委黔东南州人民政府关于贯彻落实〈中共贵州省

委贵州省人民政府关于坚决打赢扶贫攻坚战确保同步全面建成小康社会的决定〉的实施意见》（黔东南党发〔2015〕23 号）。

《中共中央国务院关于打赢脱贫攻坚战的决定》（中发〔2015〕34 号）。

《中国农村扶贫开发纲要（2011—2020 年）》。

《中华人民共和国国民经济和社会发展第十三个五年规划纲要》。

后　记

　　本报告由中国非洲研究院委托电子科技大学西非研究中心撰写，选取电子科技大学定点扶贫单位贵州省岑巩县作为研究对象，梳理总结贵州省岑巩县在运用电子信息技术、助力脱贫过程中的有效经验，以期为我国其他贫困地区脱贫减贫工作提供智慧脱贫减贫经验，同时也以期为世界贫困地区，特别是非洲大陆贫困问题提供一定的国际借鉴意义。

　　电子科技大学西非研究中心在本报告的撰写过程中得到了多方支持，感谢电子科技大学扶贫办公室、数字乡村振兴研究中心、定点扶贫专家智囊团、校内各参与定点扶贫单位以及岑巩县人民政府的积极协助。同时感谢电子科技大学西非研究中心学生团队郑舒意、田沛佳、张苑、杜莹对报告撰写过程中的资料收集与整理。同时也特别感谢电子科技大学西非研究中心学生团队田雪、谭梦涵、龙林岸、樊文雪、常文祺对报告材料校对。受编者水平所限，书中难免存在不妥之处，敬请各位专家和广大读者批评指正。

赵蜀蓉，四川大学管理学博士，电子科技大学公共管理学院教授、电子科技大学西非研究中心主任、国家自然科学基金委员会认定管理科学 A 级重要期刊《管理科学》杂志副主编、中国行政管理学会会刊《中国行政管理》杂志专家库成员、曾任美国公共管理学会国际分会副主席（2017—2018 年）。出版《全球化与世界政治》《全球化与中国企业跨国市场进入战略》《公共管理篇　卷一：西非英语区国家公共治理面临的问题与挑战》《经济篇　卷一：信息通信技术（ICT）与加纳中小企业成长》等七部著作。关注在全球化背景下如何推进中国企业走进非洲的战略研究。近五年主持、参与国家社科基金及省部级以上课题八项，包括主持结项四川省哲学社会科学规划项目"'一带一路'战略下四川企业'走进非洲'的国际产能合作风险与应对策略研究"等课题；发表《中非国际产能合作面临的风险与对策研究》《"一带一路"基础设施建设中 PPP 模式面临的风险与对策研究》等二十余篇中文核心期刊论文。获美国公共管理学会颁发的"2013 与 2014 年度杰出贡献奖"（Award of ASPA Presidential Citation of Merits）等奖项。

谢继华，电子科技大学法学博士，四川省学术与技术带头人后备人选，硕士研究生导师，电子科技大学公共管理学院党委副书记，现挂职贵州省黔东南州岑巩县县委副书记参与中央定点扶贫工作。全国大学生创青春挑战赛金奖指导教师，曾获全国辅导员年度人物提名奖，贵州省脱贫攻坚优秀共产党员等称号。负责参与的扶贫相关项目连续两年入选教育部精准扶贫精准脱贫十大典型项目、入选全国消费扶贫典型案例和全国教育扶贫典型案例等。主要研究方向为网络新媒体、高校精准扶贫、公共管理等，先后在 CSSCI 核心杂志等国家一级刊物发表论文十余篇；参著五部学术著作；先后主持教育部人文社科基金三项，作为负责人参与教育部和四川省哲学社会科学重点课题各三项。获得过全国校园文化建设成果二等奖一次，四川省哲学社会科学成果三等奖一次。

仝菲，西北大学世界史学博士，中国非洲研究院/中国社科院西亚非洲研究所安全研究室主任，中国民主建国会中国社会科学院支部主委。主要研究方向为中东地区的经济、社会发展和安全问题。曾受国家教委公派在科威特大学留学、中国驻阿联酋大使馆工作，先后在英国科学院和芬兰科学院做访问学者，多次赴西亚和北非等研究对象国进行学术交流和调研。主要科研成果有，专著：《阿拉伯联合酋长国现代化进程研究》，《列国志阿曼》等；论文：《阿联酋经济发展战略浅析》、《一带一路框架下，中资企业如何走进中东?》、《在一带一路框架下，深化中国埃及合作》、《水资源可持续发展与中东地区的安全》等；智库报告：《中东和非洲国家的人才外流和人才回流状况研究》等。

杨恩华，电子科技大学工会常务副主席，校定点扶贫工作领导小组副组长，兼任校扶贫办主任。1986年毕业于电子科技大学电子机械系，历任辅导员，团委干事、副书记、书记，学院副书记，学工部副部长（副处长），党委组织部副部长、党校副校长，统战部部长，出版社社长（总编辑）。工作以来发表论文多篇，编辑党校入党积极分子培训教材。主持出版的《鲁班绳墨：乡土建筑测绘集》（8册），在2019年荣获第七届中华优秀出版物奖。在学校党委和扶贫领导小组的领导下，学校扶贫工作在2018年、2019年国务院扶贫办年度中央单位定点扶贫考核中获优秀。2018年学校"电子信息＋精准脱贫"和2019年"电子信息＋教育脱贫"项目两度获教育部十大典型项目，"电子信息＋消费脱贫"入选国家发展改革委全国消费扶贫典型案例。

段培俊，电子科技大学定点扶贫工作办公室副主任、人力资源部人事劳资办公室主任，副研究员。主要研究高校精准扶贫，高校人事管理，先后参与研究教育部直属系统挂职干部专项课题等多项科研项目，发表《高校参与精准扶贫的模式创新探究》《高校精准扶贫SWOT要素分析、优化、建议》《高校精准扶贫的心理认同与动机激发》等扶贫研究方面学术论文。负责参与的扶贫相关项目连续两年入选教育部精准扶贫精准脱贫十大典型项目、入选全国消费扶贫典型案例等。

徐吉瑞，电子科技大学格拉斯哥学院学生事务中心副主任、定点扶贫工作办公室工作人员。参与研究教育部直属系统挂职干部专项课题一项、校级学生思想政治教育专项研究课题两项，发表《中外合作办学高校学生党建工作模式研究》《高校参与精准扶贫的模式创新探究》学术论文两篇。参与的扶贫相关项目入选教育部精准扶贫精准脱贫十大典型项目、全国消费扶贫典型案例和全国教育扶贫典型案例等共五项。

吉尤姆·穆穆尼（Guillaume Moumouni），贝宁籍，北京大学法学博士、电子科技大学西非研究中心任助理研究员、贝宁阿波美·卡拉维大学助理教授、南非国际问题学院海外副研究员、上海师范大学访问学者。致力于非洲社会治理与中非关系的国际问题研究，公开发表期刊论文十余篇和会议论文二十余篇，研究内容包括非洲地区基础设施建设、中非关系发展历程、非洲地区反腐行动、"一带一路"倡议在非洲的实施等，并在国内外二十余次会议上宣读研究成果（包括上海国际问题研究院2018年非洲论坛、第十三届公共管理国际会议西非研究分论坛等）。任贝宁留华协会会长。